# 没有教不好的孩子，只有不会教的父母

## 好妈妈胜过好老师

马利琴 著

天津出版传媒集团

天津人民出版社

图书在版编目（CIP）数据

好妈妈胜过好老师 / 马利琴著. -- 天津：天津人
民出版社, 2019.12
　（没有教不好的孩子，只有不会教的父母）
　ISBN 978-7-201-15545-6

　Ⅰ.①好… Ⅱ.①马… Ⅲ.①家庭教育 Ⅳ.①G78

中国版本图书馆CIP数据核字(2019)第246826号

## 好妈妈胜过好老师
HAO MAMA SHENG GUO HAO LAOSHI
马利琴 著

| | |
|---|---|
| 出　　版 | 天津人民出版社 |
| 出 版 人 | 刘　庆 |
| 地　　址 | 天津市和平区西康路35号康岳大厦 |
| 邮政编码 | 300051 |
| 邮购电话 | （022）23332469 |
| 网　　址 | http://www.tjrmcbs.com |
| 电子信箱 | reader@tjrmcbs.com |
| 责任编辑 | 杨　芊 |
| 装帧设计 | 末末美书 |
| 印　　刷 | 天津旭非印刷有限公司 |
| 经　　销 | 新华书店 |
| 开　　本 | 710毫米×1000毫米　1/16 |
| 印　　张 | 15 |
| 字　　数 | 213千字 |
| 版次印次 | 2019年12月第1版　2019年12月第1次印刷 |
| 定　　价 | 42.00元 |

## 没有教不好的孩子，人生处处需规划

盛夏的一个周末，我在一家咖啡馆见到了分别 6 年的大学同学。这时候的她，已经一改学生时的稚气，浑身散发出一种逼人的气势。大学毕业后，我开始从事自己喜欢的教育工作，而她则按照自己的人生规划继续着自己的学习之路，通过不断努力，成了一家外企的管理者。

同学这些年的努力，我熟知。她祖籍四川，父母都是老老实实的农民，家里兄妹三个，她是老二，上面有个哥哥，下面有个妹妹。为了摆脱生活现状，她从小就立志要考上好大学。为了实现这个梦想，她在很小的时候，就制定了人生规划。之后，严格按照这份计划实施。在收获好成绩的同时，也让她赢得了精彩的人生。

对于出生于 20 世纪 70 年代的人来说，能够考上大学已实属不易，可是她却从小就意识到规划的重要性。关于这一点，我记得大学的时候，跟她有过一次对话。我问她，她是如何想的？她说，是她妈妈告诉她，想要什么，就要提前规划好，然后努力执行，争取实现。如同种庄稼一样，因为每到春天播种的时候，她父母都要对要种的作物进行商量和规划，种什么？种多少？灌溉几次？……她妈妈用自己的种田经验告诉她一个成长新理念——人生处处需规划。而她全然接受，并坚决执行，直至取得一个个好成绩。

心理学家弗洛伊德曾说过："人生就像弈棋，一步失误，全盘皆输，这是令人悲哀之事；而且，人生还不如弈棋，不可能再来一局，也不可能悔棋。"所以，对于人生这盘只有一局的棋，在走每一步之前，不仅要清楚自己当前所处的位置，更要选择好下一步的方向。方向选对了，人生才会一点点接近成功；否则，只会走向相反的道路。我同学就用自己的亲身经历验证了这句话的要义。

如果将人生看作是一次航行，面对浩瀚无垠的大海，要想拥有精彩的人生之旅，就不能漫无目的、随波逐流，必须经过精心设计。孩提时每个人都是一张白纸，数年之后，有的人将这张白纸绘成了多彩绚丽的图画，而有的人将这张白纸涂得乱七八糟。或许你会将这一切都归咎于天分，归咎于命运，其实真正的原因却经常被我们忽视。很多人的人生之所以会存在种种遗憾，不仅是自己不努力，还因为他没有提前对自己的人生进行规划。

没有规划，摩天大楼就无从下手；没有规划，人生之路就寸步难行。在人生漫漫旅途中，没有一条"芝麻开门"的神奇咒语能帮我们破除种种阻碍，帮我们顺利打开一道又一道通往理想的大门。优秀的孩子都是从小开始培养的。作为妈妈，给予孩子生命之后，还要帮助孩子规划他的人生。

如今，陷入迷茫状态的孩子越来越多：中考成绩不错，却不知道该上重点高中，还是根据自己的特长选择高中；高考成绩公布，成绩上了一本，却犹豫选择北大还是港大；大学毕业，是该参加工作还是继续读研；读研选择国内还是国外……在孩子成长的道路上，合理的规划远比盲目地努力更重要。

在陪伴孩子成长的过程中，妈妈们更要帮助孩子一起规划他们的人生。因为，在人生这条漫长的路途中，我们至少比孩子有经验一些；对于规划，孩子不知道，但我们了解。在孩子未来成长的过程中，妈妈一定要协同孩子做好人生规划。有了规划，帮助孩子一步步实现各个阶段的小目标，积少成多，当这样的积累由量变达成质变时，孩子也就成功了。

本书正是从此出发，一步步教妈妈们如何对孩子的人生进行规划，如认识自己的孩子，了解孩子心中的梦想，发掘他们的优势……然后，在此基础上，对孩子的人生进行科学、合理地规划，就能保证孩子在人生的旅途中不迷失方向。

没有一蹴而就的成功，也没有漫无目的的成长。在社会这个大舞台上扮演何种角色、过怎样的生活，很大程度上由孩子自身实力来决定，每个孩子都应做自己人生的规划者和耕耘者。作为妈妈，需要做的就是充当孩子的引路人，帮孩子合理地规划自己的人生，并引导孩子努力追求自己想要的生活方式。

没有教不好的孩子，只有不会教的妈妈。不提前做好规划，再怎么教，效果也不好；不为孩子提前做好规划，即使付出了众多努力，也会竹篮打水一场空。当我们将自己的全部精力都集中在孩子身上的时候，当我们为孩子一时的成绩而沾沾自喜的时候，我想问的是：您为孩子做好人生规划了吗？

目录
Contents

Chapter 3

**人生规划，也要从
梦想开始**

Chapter 4

**发现孩子，让人生规
划更加有迹可循**

Chapter 7

## 管好主业，孩子的
## 学习也需要规划

Chapter 8

## 发展特长，对孩子
## 的特长合理规划

## Chapter 9

### 从小开始，帮孩子做好职业规划

## Chapter 10

### 刻不容缓，引导孩子终身学习

Chapter 1

# 人生规划在大学？不！在童年

## 孩子无法正确决断，就是因为没有提前做好规划

身为妈妈，你是否对别人家的孩子羡慕不已？相同的年龄，其他孩子既坚强又独立，更有决断力，再看看自己的孩子，所有的事情都依赖你，自己没有任何决断力。为什么会这样？是你的孩子不如其他孩子聪明？还是你没有给孩子提供好的学习条件？不。这些有可能成为孩子成绩不好或者不成功的部分原因，但根本原因是孩子从小就没有要对自己进行人生规划的意识。

天使投资人徐小平曾说过："不做人生规划，你离挨饿只有三天。"规划对于人生的意义不言而喻，因此要想让孩子未来获得长远发展，或者实现自己的理想，首先就要引导孩子提前做好规划。

刘女士是我的一个朋友，确切地说是我的校友，因为我们毕业于同一所大学。我和刘女士相识于一次校庆，她比我高八届，为了参加校庆特意从美国回来作为学生代表发言，我便认识了她。后来，我们交换了名片，开始了断断续续的联系，我也一点一点地开始了解她和她的育儿方法。

大学毕业后，刘女士就去了美国，工作、结婚、生子……如今已经在美国定居20多年。多年来，她一直致力于观察、思考和研究美国教育，尤其是中小学教育，并将自己的心得全部融会贯通到对女儿的培养中。在刘女士的细心

栽培下，女儿成功地走进了哈佛大学。

就是这样一位美籍华人，成功地践行了优秀的家庭教育理念，成为华人社群中的骄傲。这个长达 20 年的实验成果，对于正在深入探索教育改革中的我们来说，具有很高的参考价值。

人生设计应始于童年，而不是成年之后。这一观点，不仅是刘女士对于家庭教育的一个认知，还串联起了她培养女儿的成功经验。反观现实，很多妈妈虽然也意识到了提前为孩子做规划的重要性，但是却无从下手。

其实，只要认真、仔细地观察孩子成长的每一步，做好督促者、辅助者的角色，及时指正错误，让孩子提高判断力，就是给他们的最好礼物。

**▲童年时期需要明确的人生目标来引导**

每个充满活力的孩子都曾梦想长大后要成为怎样的人。要想引导孩子做好人生规划，就要在孩子的童年时期倾听他们的想法，引导他们树立一个明确的人生目标。

有个女孩受家庭艺术环境的熏陶，5 岁时就梦想长大后要当一名画家，而且对此志向坚定不移。父母得知女孩的这一想法后，便有意识地安排女孩接受美术方面的培训。从小到大，女孩对有关美术专业方面的学习也都乐意配合。在她稚嫩的心里，把当美术家作为自己的爱好和人生目标，为了实现这个梦想，女孩比同龄孩子更有韧劲，也更坚强，并一步步实现了自己的目标。

童年时期，孩子不仅要玩乐，也应明确自己的人生目标。由于年龄的限制，童年时期的孩子还无法确立明确、合理的人生目标，这时候妈妈们就要发挥自己的作用，比如：

让孩子接触艺术、体育等方面的学习，挖掘孩子的兴趣点；

让孩子爱上学习、乐于学习，为进入理想的中学和大学做准备；

支持孩子参与社区活动、夏令营等，培养孩子的人际交往能力；

引导孩子爱上阅读，培养一颗柔软的心。

童年时期，孩子需要有一个或几个明确的人生目标来引导。虽然在今后的成长旅程中，最初的想法也许会改变，但在人生最初的十几年里，拥有明确目标的人总比浑浑噩噩的人好得多。

### ▲成功者的成功就在于他们提前做好了人生规划

成功者之所以成功，主要就在于他们提前做好了人生规划。

有个男孩非常崇拜周恩来，从小就给自己立下了一个志向——长大后，当个外交家。为了提高专业技能，在学习方面，他非常重视语言表达能力的培养，成功地掌握了四门语言。上高中后，他开始学习商业与法律方面的知识。

此外，在大学期间做兼职时，男孩还主动寻找与自己专业相吻合的工作。比如，他的第一份工作是销售房屋，这让他接触到各个年龄层、各种性格的客户，从而很好地培养了自己的口才；第二份兼职是 IT 公司的电话接线员，每周工作 17 个小时……这些工作都锻炼了他的口头表达能力。每时每刻，男孩都在有意识地为自己的目标做准备。

男孩从小就确立了职业规划，在之后的十几年里不断地积累知识、提高能力和素质，反复打磨、充实自己。通过长期刻苦的学习，终于如愿以偿地实现了自己的人生目标，当同龄人还迷茫于未来在何方时，他已经在自己的工作领域小有成就。

对于孩子来说，不做任何人生设计，幼时不清楚未来要走的路，是不可能有意识地进行自我培养的，也不可能达到令人满意的状态，实现人生理想。因此，要想让孩子的未来之路少些波折，就要让孩子提前做好人生规划。比如：

如果孩子长大后想当律师，就要让孩子从小接触跟法律相关的知识，多看有关法律的电视节目提高认识；如果孩子想当老师，就要让孩子训练自己的亲和力和表达能力，丰富自己的学识；如果孩子长大后想当老板，就要让孩子提高自己的领导力和创新力、组织力和解决问题的能力，同时，还要让他们积累各种社会资源，为我所用。

## 了解规划的真正含义，培养孩子的规划意识

如果给你一次出去旅行的机会，你会怎么做？通常人们都会提前想好时间、费用、地点、交通工具等相关事宜。因为，只有提前规划好了，旅途才能顺利、愉快。我们在为旅行做准备的时候，其实就是进行具体的内容规划。只不过事情不同，规划的内容就不同。同样，对于孩子来说，知道规划的具体内涵，也是他们做好人生规划的第一步。

草原上，一个年轻人看到一个男孩正坐在牛背上哼着小曲。

年轻人走过去，问："小朋友，你几岁了？"

男孩没有腼腆，没有怯懦，大胆地说："8岁。"

年轻人又问："你在做什么呢？"

男孩悠闲地回答："我在放牛。"

年轻人问："为什么要放牛？不去上学吗？"

男孩说："挣钱啊！将牛养大了，可以卖牛奶。"

年轻人问："你还这么小，为什么要挣钱？"

男孩立刻回答说："不挣钱，怎么娶媳妇。"

年轻人疑惑了："为什么要娶媳妇？"

男孩回答："生小孩啊。"

年轻人笑了："为什么要生小孩？"

男孩说："家里这么多牛，等着他们来放呢。"

看似荒诞的一段对话，却让我们从这个 8 岁的孩子身上看到了很多孩子的缩影：他们对自己的人生缺乏认识，只是盲目地遵从祖辈的足迹，循规蹈矩地"在家乡放牛"。相信多数妈妈都不希望自己的孩子也过这样没有志向的一生。

所谓"人无远虑，必有近忧"，能看得到成功、希望的人，永远都是那些时刻做好准备的人。建一座城市需要规划，盖一栋大楼需要规划，修一条道路需要规划，人生亦是如此。在孩子的成长道路中，妈妈有着义不容辞的责任引导他们做好人生规划。

对于任何一个人来说，人生规划就是自己一生的行动纲领，所有行动都要靠它来指引。没有人生规划，人生就缺乏明确的奋斗目标，无论暂时性地获得多么高的学位、进入怎样优秀的企业，都会在人生的下一个十字路口彷徨、无措。

人生最重要的，不是你现在身在何处，而是你未来要走向何方。有了方向，找对了路，就不怕路远。因此，每个人的人生都应该是有规划的，而且应该从幼年开始。

雕刻家在雕刻一件艺术品之前，都清楚自己要将其塑造成什么样子。培养孩子也是同样的道理。没有任何规划的培养，不是真正意义上的培养，只有为孩子提前做好人生规划，了解人生规划的重要性，才能陪伴孩子走出成长的第一步。

### ▲没有规划的人生，就是没有目的地和罗盘的航行

花谢了还会开，但人生无法重来；人生不能实现心中所想，就是对不起自己。一辈子没机会做自己喜欢的事，是人生最大的不幸。没有规划的人生，就是没有目的地和罗盘的航行。一旦燃料用完了，就只能在茫茫大海上苦苦等候救援或死亡。

有一次，比尔·盖茨在访问北京师范大学附属实验中学时，一位高中生问他："您的理想是什么？"

他说："我从小就希望能让计算机成为人类的完美工具，这就是我毕生所追求的。现在，我已经完成了一半，我希望在我结束工作时，能实现自己的梦想。"

比尔·盖茨花了30年的时间，只走了通往理想之路的一半。虽然仅靠这一半路程的努力，他就成为过世界首富、微软之王，但他并不打算放弃，而是要坚定地走完剩下的一半路程。我们有理由相信梦想对他的指引将带给他更加不可思议的成就。人生如船行大海，人生目标就是灯塔，人生规划就是明确的航线。有了灯塔，才不会迷失方向，有了航线，才能更快地到达梦想的彼岸。

萧伯纳有言："明白事理的人使自己适应世界，不明白事理的人，硬想使世界适应自己。"遇到不适，就要适当调整自己，从而适应环境不断前行。

如果孩子本来想考大学，可是高中阶段因成绩不理想而喜欢上了做生意，决定高中毕业后开公司创业，这时，请不要批评孩子，因为条条大路通罗马；如果孩子在践行人生规划的过程中遇到了问题，产生退却之心，要多给孩子一些鼓励和认可，让他们鼓足干劲，继续努力。

### ▲越早让孩子看清自己的目标，教育准备就越充分

培养孩子跟建造高楼有异曲同工之妙，都需要提前设计好蓝图。很多源自国外的教育理论，就是以此阐明人生规划的重要性。越早让孩子认清自己的目标，教育准备就越充分，孩子越能最大限度地发现和使用周围的有利资源；如果孩子没有明确的人生目标，教育就会变得盲目，甚至与孩子的发展优势南辕北辙。

"凡事预则立，不预则废。"没有目标，做任何事都会一团糟。西方也有谚语讲道："如果你不知道要到哪儿去，通常哪儿也去不了。"一旦对未来感到迷茫，就得停下来理清头绪，找到自己的优势和资源，明确未来应该向哪个方向

发展。对于孩子来讲，尽早做好规划，意义十分重大。

有一个很通俗的比喻："跳远时眼睛能看到哪里，就能跳到哪里。"为孩子设定一个长远的人生目标，并用十几年的奋斗和拼搏努力坚持，就能激发出无法估量的生命潜力，使孩子爆发出其他任何力量都无法阻挡的"洪荒之力"，最终成为实现人生梦想的赢家。

# 了解人生规划的作用，才会肯定自己的正确性

为何要做人生规划，为何要在孩子幼年时引导他们规划好自己未来的每一步？规划，是对未来的一种计划和设想，有了这一设想，孩子在未来的成长道路中，就会冲着这一目标去努力，从而不断激发出自身的潜能，更快找到适合自己的人生之路。

哈佛大学曾做过一个有关人生规划的调查，结果表明：27%的学生，不知道自己毕业后想从事什么职业；60%的学生，大概只知道自己想进入哪个行业工作；10%的学生，非常明确自己想从事的工作；只有3%的学生，为自己清晰地确立了愿意为之奉献一生的职业目标。

25年后，当哈佛大学再次给出跟踪报告时发现：那3%的学生，在后来的25年里，始终朝着自己当年定下的职业目标努力拼搏，最终成了社会各界的精英人士，其中不乏一些行业领袖；有职业目标的那10%的学生，也在不断地实现着自己的短期目标，成为各行业中的专业人士，多数都过上了中产阶级的生活；那60%没有明确职业目标的学生，大部分找了一份安稳的工作，过着平凡的生活；至于那27%毫无目标的学生，他们的生活几乎一团糟，工作不如意，还时常抱怨他人、抱怨社会、抱怨这个世界为什么"不肯给他们机会"。

看到这个结果，你是否感到惊讶？人生规划的作用由此可见一斑。

世界只会给那些有人生目标并愿意为之奋斗的人提供成功的机会。只有合理地规划自己的人生，才能知道哪条路是正确的，才能永远朝着正确的方向前行；否则，没有任何规划的人生，必定会落得平庸。

**▲做好人生规划，也就明确了未来的目的地**

未来，你想让孩子的人生何去何从？做父母的肯定想让子女成龙成凤，但往往苦于无从入手。不对孩子的人生进行规划，没有尽早帮他找到愿意为之奋斗的理想与目标，他的未来必然一塌糊涂。在孩子幼年时期，帮助孩子认清自己的发展目标，并鼓励他们为之奋斗，通常更容易获得成功。

刘昶的父亲在石油部门工作，刘昶因为父亲的原因从小就耳濡目染，因此对石油产生了浓厚兴趣。妈妈发现刘昶的兴趣所在后，立即帮他进行人生规划。

刘昶也分外努力，从初中起就开始收集相关的知识和资料。此外，刘昶还苦练英语。上高中时就能读懂英文报刊和网站上的英文讯息；他还经常浏览中东能源、剑桥能源等专业网站，收集前沿资讯。他孜孜以求地学习着与石油相关的知识，有时一天能浏览200多页的英文资料。这些努力让他逐渐掌握了大量专业知识。

之后，刘昶还对相关问题进行了比较、研究和深入思考，总结出了自己的观点。在家，他经常跟父亲探讨国内外能源问题，父亲多次对儿子的知识和见解感到惊叹，同时也倍感欣慰；在学校，刘昶也成了大家公认的"国际石油问题专家"。

**▲帮孩子做好人生规划，他才会向着正确的方向不断前进**

我们常说，人生就是一次旅行。如果我们都是人生之旅的行者，那么走出第一步之前，必须先选择好目的地。有喜欢攀登高山的，就有喜欢横渡大海的……在帮孩子选择人生目的地时，不但要考虑他的喜好，还要考虑孩子是否有这方面的天赋，充分发挥孩子自身的优势。

丁俊晖从 8 岁接触台球，初显台球天赋后，父亲便决定把全部精力和心血用来培养儿子在台球方面的优势。他带着儿子走遍全国、走出国门，风风雨雨十几年，使丁俊晖在众多职业台球手中脱颖而出，13 岁就荣获亚洲邀请赛季军，19 岁就战胜很多国际著名的台球选手，还多次获得国际比赛的冠军，一举成为当代最年轻的世界级斯诺克大师。

一百个人会有一百种人生，希望自己的孩子拥有什么样的人生，关键在于如何为孩子的人生进行设计。提前帮孩子做好人生规划，他才能在今后的成长中知道什么是正确的，才会朝着正确的方向不断前进。但是，国内的大部分妈妈对人生设计还没有明确的概念，认为只要让孩子上了大学就好，不需要对其潜能开发和职业发展做出指导；至于孩子长大后要做什么、能做什么，妈妈和孩子都没有认真思考过。

孩子没有目标，没有人生方向，就容易迷茫无措，发展不顺。如此，不仅孩子会变得消极懈怠，就连妈妈的教育也会变得盲目，甚至吃力不讨好；相反，经过明确的规划，孩子就能清楚地知道未来的人生目标，能够明白未来要走哪条路，妈妈也就能充分利用好身边的各种资源，有的放矢地对孩子进行教育。事实证明，这样的孩子会比其他孩子更有可能成为优秀人才。

# 人生规划的核心是什么？竞争力

自然界中，想要在激烈的竞争中生存下来，每种动物身上必须具有他人没有的优势，比如：老鹰的眼睛、老虎的利爪、豹子的速度、变色龙的伪装等。由此可以看出，决定生死的都是自己独有的优势，这一优势也确定了它在自然界中的地位。在成长过程中，孩子是一个独立存在的个体，也有自己的特点。之所以有些孩子越来越优秀，主要原因就是，优秀的孩子充分发挥出了自己的核心竞争力，而这也是人生规划的重要核心。

父亲是家大型企业的老总，从小赵上小学开始，父亲就常常带他参加董事会，还经常教给他一些商业知识。小时候，父亲工作忙，经常在国内外来回飞。所以，一到寒暑假，父亲就会想办法带着小赵一起去，一方面是为了多陪陪孩子，一方面也是为了给他更多商业方面的熏陶。

小赵每次参加董事会时，父亲就会给他搬来一张大椅子，让他乖乖坐在上面，一坐就是好几个小时，然后听一帮大人"吵架"。因为从小生活在那样的环境里，所以小赵很早就明白，要想做成一件事情不太容易；同时，知道了身为一个商界人士，生活和工作状态都是什么样的。

在父亲的影响下，小赵从小就立志考哈佛大学，念MBA（工商管理硕士），然后从商。小赵从小就有意识地培养自己的从商思想，成功进入哈佛后，小赵很快就进入学习状态。他参加了商学院的荣誉学生组织，入学第一年的圣诞节，小赵没有急着回国，而是继续留在学校研究自己今后的职业发展方向。

小赵在网上发现一家著名的投资银行发布了一则招收实习生的信息。他依照自己的特长和能力，申请了金融服务部中的一个职位，主要工作是为顾客管理股票账户。

小赵顺利地通过第一轮面试后，走进了公司总部的面试办公室。当时参加面试的共有6个人，他是唯一的大一学生。第二轮面试的最后，面试主管没说一句客套话，开口就说："谈一谈股票吧。"

小赵对股票并不陌生，且掌握着丰富的知识；出国前，他就有3年运作股票的实操经验。在他滔滔不绝地"独唱"了将近半小时后，主管不舍地打断他，说："好了，你虽然是个新生，但比其他人懂得多，这份工作属于你了。"

小赵虽然年龄小，但懂的专业知识比别人多，很有竞争优势。父亲的职业启蒙，使小赵从小就建立起了职业意识，专注于培养职业兴趣，不断向职业目标前进。

无论在何处任职，无论担任何种职位，每个人都要清楚自己未来的职业目标和发展方向，只有不断积累和提升个人综合能力，才会在某个领域里成为不可或缺的精英人才。

### ▲从小确立职业目标，更容易激发出孩子的学习兴趣

有明确人生规划的孩子，才能以不变应万变，才能激发出更强的学习兴趣，才能在竞争中信心十足、游刃有余，逐步成长为某个领域中无可替代的人物。

在女孩五六岁时，妈妈就引导她长大后要成为优秀的律师，女孩从此也渐渐开始"痴迷"于法律。经常会看一些人物传记、纪实文学类作品，同时还具有相当的政治敏锐度，关注政治事件。到高中毕业之前，女孩不仅在心中深植了成为律师的志向，还不断磨炼自己的基本素质和能力，为成为"准律师"做准备。

女孩对律师这个行业的了解并不肤浅和片面，她深知作为律师一定要具备高标准的条件、能力和素质，尤其是想要成为精英律师，这些更是必备条件。上高中时，女孩积极参加模拟法庭比赛，到图书馆找资料、收集文献、查阅专业期刊就是她每天的任务；她还痴迷于研究各种案件，津津乐道于辨析种种法

律问题……这些工作都使她深刻地了解和体验到什么是真正的律师工作。

凡此种种,都反映出一个问题:从小建立起职业目标,更容易激发孩子的学习兴趣,促使他们主动关注与职业目标有关的事物。

**▲做好人生规划,孩子更容易超越别人**

很多人的成功,正是源于无可替代的竞争力,而他们之所以能够取得这样的成就,就是因为从小就开始了人生规划,建立起了明确的职业意识,努力培养职业兴趣,并朝着自己的职业目标不断锻炼、努力。他们的职业预备期更为长久,使他们很早就具备了相应职业所需的知识和技能,可以顺利地进入社会,成为职业精英。

小凡是朋友的女儿,在一所小学教语文。一次,我到她家做客,小凡正好在家里休息,也跟我们聊起来。当我得知小凡仅用了一年时间就当上了二年级班主任时,内心佩服不已。因为,在我的印象中,能够当班主任的一般都得有几年的教学经验且懂管理。

说到这件事,朋友一点都不谦虚地说:"她之所以能够这么早当上班主任,还不是我的功劳?"我一脸的疑惑,小凡说:"在我上初中的时候,我妈就给我做了规划。当她得知我长大后想当一名语文老师后,就针对语文老师的条件对我进行了培养,比如:语言表达能力、组织能力、协调能力等。后来,我上学的时候,积极参加班级活动、争当班干部;大学期间,利用假期组织辅导班,带着孩子们上课学习。自然就比其他同学更了解如何当老师。此外,为了掌握具体的教学方法,我妈还会找一些老师的上课视频让我看。由于目标明确,所有的事情都是冲着这一目的去的,因此一点都没耽误。现在能当上班主任,也是对我这么多年努力的一种肯定吧。"

是啊,要想超越他人,提前做好规划何等重要。做了规划,也就有了明确的目标,做起事情来,也会更能有的放矢,自然也就容易超过别人了。

# 引导孩子做人生规划，最好早一点

今天，如果你问孩子们一个问题：小朋友，你三年后想取得怎样的成绩，长大后你想做什么？相信很多孩子都会回答"不知道"。这就是没有提前做好人生规划的一个重要表现。

孩子不知道自己长大后要干什么、能干什么，因为他们从来都没有想过这些问题，甚至连妈妈都没认真考虑过这个问题。没有提前做好人生规划，只会在原地迷茫。小时候没有确立明确的奋斗目标，长大成人后才开始规划人生、仓促培养就业技能，就有些晚了。给孩子做人生规划，最好早一点。

案例一：

大学毕业已经四个月了，可是小吴的工作依然没有着落。小吴大学里学的是文秘专业，可是她并不想做文秘，而且她还觉得自己比较胖，文秘一般都是身材好的、漂亮的，感觉自己根本就不适合当文秘。小吴每天都在网上发简历，可是邀请她面试的却非常少。好不容易找了一份销售电器的工作，却因为自己不善表达，无奈辞职。

案例二：

小马大学毕业三年，已经当上了分公司经理。说起他的工作经验，他给出的答案是：尽早为自己做规划。刚上高中的时候，小马就给自己确立了当班级骨干的目标。为了实现这一目标，他对自己的学习和生活进行了规划。高中阶段，他不仅主动学习，还积极参加学校组织的活动，因为这些都对培养管理能力有帮助。大学期间，小马积极参与学校社团活动；假期则到公司打工，积累了丰富的工作经验。大学毕业后，成功应聘到自己心仪的公司。之后一直有规划、有目标地努力，很快从一名小职员做到了主管。等公司成立分公司的时候，他从众多的竞争者中一跃而出，成功通过竞选，升任分公司经理。

两个案例，差异明显。其主要区别就在于，小马很早就为自己确立了职业规划，之后一直努力耕耘，一步步达到自己的目标。早一点做规划的好处，效果显而易见。

任何事情，都需要趁早。只有提前准备了，才能有后来的收获。天上不会无缘无故掉馅饼，即使真的掉下来，也只有提前做好规划和准备的人才能顺利接到。

不为孩子规划人生目标，就不是真正的教育，这样的教育也是最悲哀的。从小给孩子规划人生、设立人生目标，妈妈就能及时发现孩子的天赋与弱点，之后就能及时调整学习内容，全面培养孩子的能力，从而有目标、有意识地给孩子的未来打下基础；这样，孩子才能在教育资源有限、社会竞争日益激烈的情况下有立足之地，拥有美好人生。

**▲尽早给孩子制定目标，孩子也就有了前进的方向**

在中国，高考就是教育的指挥棒，迫于高考压力，多数学生和家长都只顾着拼高考，然后根据分数，在短短的几天时间里临时选择专业。很多妈妈觉得，只要孩子考上大学就行，根本就不会考虑应该选择怎样的专业。结果，孩子糊里糊涂地开启了一段崭新的也是格外重要的人生路，但毫无规划可言。

没有理想，人生迷茫。孩子从小就不知道生活和奋斗的意义在哪里，这样只能害了孩子，将孩子的大把黄金时间浪费掉，而这些时间完全有可能为孩子塑造出辉煌的人生。

女孩刘芳5岁时跟随父母漂洋过海，定居英国。父亲当时在一所大学里当研究员。刘芳6岁入学前，父亲领着她参观剑桥大学的校园，并告诉女儿："你以后要考进这所大学，然后进建筑学院读博士，毕业以后当一名建筑师，并以此为事业。"

父亲的话让刘芳觉得有点像做梦，因为当时很少有英籍华人会想以此为人生目标。在父亲的影响下，刘芳确定了自己的人生理想，并接受和配合父亲安排的学习活动，把跟建筑有关的事情当作自己的爱好，完成了很多同龄孩子难以完成的事情。

高中毕业前，刘芳就熟练掌握了汉语、英语、法语和西班牙语。为了锻炼自己的能力，她不仅会参加校内外举办的各类活动和比赛，还积极参加勤工俭学、音乐演出等活动。刘芳不仅各门功课成绩优良，还提前学习大学课程并获得了三分之一的大学学分。

刘芳在初期成长的十几年里，积累了大量实现目标所需的知识、能力和素质，最终如愿以偿地拿到了剑桥大学的录取通知书。

人生不能没有规划，人生规划要趁早，尽早给孩子制定一个人生目标，孩子也就有了前进的方向和动力。在孩子心中从小就有一个规划目标，他就愿意为之付出努力，更能激发他的内在奋斗动力。

▲选择合适的切入口，为孩子做好规划

很多人虽然意识到制定人生规划的重要性，但不是任何人都能把握规划的时机。多数人认为，人生规划是长大以后的事情。殊不知，制定人生规划应该尽早。

制定人生计划一定要从小开始，孩子越小，可塑性就越强，越容易接受新思想、新观念、新技术和新事物，也更敢于面对高水平的挑战。不妨给孩子先定一个高目标，然后找到适当的起点，一边实施计划，一边观察，之后再根据实际情况进行调整。一位妈妈在这个问题上深有感触：

我儿子从小就立志当一名警察，为了让他的理想有一天能实现，我帮他进行了周密的人生规划：小学时，着重培养他的逻辑推断能力；初中阶段支持他报名参加了全国奥数竞赛，并取得了理想的成绩；高中阶段，鼓励他多参与社区活动当义工，开始慢慢接触社会；后来儿子经过高考选拔进入了警官学校并进行专业训练。可以说，到这一步，儿子的梦想已经实现了一大半，但我们做父母的依旧没有停止对他的培养，现在他放假回家，我们经常跟他聊一些国内外的经济、政治事件和局势，扩大他的眼界和思路。我们相信，经过这十多年有规划的培养，儿子定然能够实现他的人生理想。

在孩子的幼年时期，引导他们明确自己的人生目标非常重要。即使在今后的成长过程中可能会因为各种因素而改变初衷，但如果孩子能在最初的十几年里确立一个可以为之奋斗的目标，总比没有任何目标要好得多。孩子从小没有人生规划，糊里糊涂地混到高中毕业，甚至到了更晚时，才开始认真考虑人生，就为时已晚了。

事实证明，大部分孩子正是因为没有从小确立奋斗目标，才错过了人生最宝贵的成长阶段。或许，有些孩子也会有理想，但都比较空洞和不切实际，根本没有培养起能够实现这些目标的知识和能力，更没有运用科学合理的设计、持之以恒的行动去努力追求。

当然，需要注意的是，在为孩子进行人生设计和职业规划时，不能独断专行，一定要有意识地帮孩子分析他们的性格、优点、爱好等，探索出适合孩子的人生和职业道路。这些都会给孩子的前途和职业定位带来难以估量的影响。

## Chapter 2

# 提高自我认知，让孩子从自己做起

# 让孩子问问自己：我是谁

让孩子为自己确立人生规划，首先就要让孩子知道：我是谁？连自己都不认识，无法正确认识自己，即使做出了人生规划，也可能是不切实际的。只有了解、认识自己的孩子，做出的人生规划才是最好的、最适应他们自身发展的。

在我们小区有个叫嘟嘟的小朋友，典型的缺乏自我认知。因为家里还有个弟弟，当他发现妈妈对自己的关注少于弟弟后，内心发生了变化，主要表现在行为上，不好好吃饭、不好好睡觉，每次吃饭都要花至少一个小时，每天直到深夜才会上床睡觉。因为饮食和睡眠都不太好，导致身体发育不良，与同龄的孩子相比，各方面发展都比较迟缓。

后来，他妈妈找到我，让我对孩子做一番引导。之后，我对嘟嘟进行了强化自我意识的辅导：先让他看几幅图片，经过跟弟弟的对比，告诉嘟嘟他是不同于弟弟的。第一，告诉他，他是哥哥，应该一个人睡觉；第二，让嘟嘟明白，弟弟不需要上幼儿园，但他需要，这点也是他和弟弟的不同；第三，告诉嘟嘟，他作为哥哥，应该在餐桌旁吃饭，而弟弟小，必须坐在椅子上吃饭。

通过语言强化的交流方式，嘟嘟从潜意识里逐渐改变了自我认知，认识到了自己与弟弟的不同之处，并慢慢地进入了"哥哥"这一角色，主动帮助妈妈照顾弟弟。

不断地进行语言强化，让孩子认识到自己的独特之处以及自己与他人的不同，可以让孩子正确地认识自己，打下良好的基础。

对自我的认知不够正确，人生必将非常迷茫，未来的生活也很难幸福。不知道自己喜欢什么、渴望什么、需要什么，终究只能迷茫地度过一生，生活也会很无趣。所以，想要让孩子将来幸福地生活，就要在他们儿时，培养好这种自我认知能力。

孩子虽小，却已经产生了自我意识。科学家曾做过这样一个试验：他们在孩子熟睡时，悄悄地把他们的鼻子涂成红色，孩子醒来后，让他们去照镜子。结果，在各个年龄层的孩子中，仅 15 个月大的孩子在照镜子时都会好奇地摸摸自己的鼻子。也就是说，15 个月大的孩子就已经具备自我意识，知道自己的鼻子发生了变化，变得与往常不一样了。随着年龄的增长，孩子自我评价的这种意识也会变得越来越强烈。

孩子长到 3 岁左右时，他们的自我意识就会由生理层面转向社会层面，开始根据外貌、性格、人际交往等来认识和评价自己。所以，在为孩子规划人生之前，必须先培养好孩子的自我认知能力。那么，如何教育孩子，帮助他们提升自我认知呢？

### ▲教会孩子进行自我认识

人与人之间有什么区别？不管你是有很大影响力的知名人物，还是默默无闻的平头百姓；是家财丰盈，还是家徒四壁；是位高权重，还是低人一等……这些都是表面上的区别，并不是本质所在，真正的区别则在于能否正确认识自我。

师傅教小和尚学习书法："你先练习一个'我'字。"

小和尚信心满满，每天一大早就开始临摹各路名家的字帖，学写风格迥异的"我"字。几天后，他认为自己已经写得很好了，选了几个自己满意的字，跑去找师傅点评。师傅看过，却摇着头说："继续练习。"

小和尚潜心修习，一练就是大半年，直到他写的"我"字和字帖上的有九分相像了，又拿去给师傅看。师傅端详那字好半天，点了点头说："的确有进步，但还需继续练习。"

小和尚继续刻苦练习。不知不觉一个寒暑过去，他也将很多名家的书法精要烂熟于心。这天，他习惯性地拿起笔，随手写了一个"我"字，这个字里融入了诸家所长，自成一派，他觉得很满意，把这个字拿给师傅看。师傅看后意味深长地说："你终于会写'我'字了。"

书法中的"我"，不仅是一个字，更重要的是要融入对自我的认识和坚持。小和尚不断重复练习写"我"字，也是在不断地认识自我，最终明白了人生的真谛——认真刻苦、坚持不懈，无怨无悔……他享受到了其中的快乐，获得精妙的书法成就也就水到渠成了。

只有做到认识自我这一点，孩子才知道自己想要什么、能做什么；才能了解自己需要具备怎样的能力，要如何去学习这些技能。为了让孩子认识自己，妈妈可以从以下几方面进行引导：

1.鼓励孩子通过自我判断找到力所能及的事，了解自己的价值所在。有了明确的目标，行动才能有方向和动力，这些都需要从认识自我开始。首先认识自我才能让孩子在成长过程中少走弯路。

2.要引导孩子将自己的现状和实现目标所需的条件、能力相对比，找出自己已经具备的，认识自己还需培养的。之后，根据理想与现实的差距，不断努力完善自己，逐渐向目标前进。

3.要引导孩子不断磨炼自己的意志，不轻易退缩；锻炼自己的耐力，不心浮气躁、急功近利；增强动手能力，不要只会表决心，而没行动。

4.目标和方法不是一成不变的，要不断完善，引导孩子合理规划每一步的行为和方法，有条不紊地持续实践计划。前期定下的目标，或许会提前实现，或许难度偏大，或许目标有新的能力要求等，这就要求孩子不断提升自己，努力实现自我超越。

▲帮孩子了解自己的心理感受

当孩子完成某件事情后，妈妈不要急着评价，要试着引导孩子说出自己觉得哪里做得不好，听听他对这件事情的看法。重点在于让孩子表达出对自己和所做事情的看法。引导孩子认识自己的心理感受，他们才能真正认识自己。

按照周女士的想法，在孩子3岁时，就要给她报辅导班。可是当她在培训中心门口看到一张张苦瓜脸的时候，她突然意识到，给孩子报辅导班、规划孩子的人生也需要了解一下孩子的感受。

这天，周女士带着女儿到培训中心咨询，为了尊重孩子的选择，她先后让孩子看了舞蹈班、围棋班、跆拳道班等，让孩子自己选择。结果，女儿给出的答复是都不喜欢。

看到跟女儿同龄的孩子都在教室里上课，周女士耐心地问女儿："你喜欢什么？"女儿说："沙画。"

听了女儿的话，周女士知道，女儿肯定是看到其他孩子玩沙子好玩。可是，既然孩子愿意，那就给她报这个。

结果，孩子上了沙画班后，每天回来都会跟周女士分享自己在班上的开心事。为了满足女儿的兴趣，周女士甚至还专门给女儿找了一些细沙子，让她玩。女儿小小的手小心翼翼地摆弄着沙子，玩得不亦乐乎。

再看看其他孩子，有的学音乐，结果学了一学期就不学了；有的孩子学跆拳道，没学多长时间就停课了。不仅浪费了金钱，还浪费了时间。

如今，周女士的女儿已经学沙画两年多，可以说是小有成就。

要想提高孩子的自我认知，妈妈在跟孩子聊天时，要多聊聊孩子喜欢什么、讨厌什么，让他说说哪些事让他开心、哪些事令他烦恼。当孩子从电视、电脑上看到一些信息后，也让他谈谈自己的感受，鼓励孩子表达出自己的真实感受。同时，我们也可以在一旁帮他归纳和总结，协助他更好地了解自己。

比如，在孩子睡觉前，引导他回忆这一天的活动，看看自己哪里做得好，哪里做得不好，教导孩子对不满意的地方进行反省。在这个过程中，妈妈同样要反省自己，比如："我们也许应该用另一种方式来解决这件事情"，如此，可以帮助孩子尽早学会自省。

# 让孩子问问自己：我究竟想要什么

生命中，对于你来说，什么是最想要的？相信答案一定有很多：亲情、友情、爱情、事业等等。对于初入社会的青年，相信很多人都会说："我想要一份合适的工作，我想挣很多钱，我想出去旅游……"这些人之所以会发出这样的"想要"，就是因为他们现在还没有实现、还没拥有。

为何非要等到进入社会了，才"想要"？其实，只要他们在小时候做好规划，知道自己在多大年龄该做什么、该达到什么目标、该做完哪些事情，并且一步一个脚印地去实现，也就没有什么所谓的"想要"，因为想要的自己已经提前做好了规划且通过努力实现了。

一个美国商人坐在墨西哥海边一个小渔村的码头上看风景，一个划着小船靠岸的墨西哥渔夫进入了他的视野，小船上有好几条大黄鳍鲔鱼。

美国商人走近墨西哥渔夫，说："你能抓这么多条鱼，真是了不起，请问花多长时间才能抓这么多？"

墨西哥渔夫说："没用多长时间。"

美国人又问："你为什么不多坚持一会儿，好多抓一些？"

墨西哥渔夫不以为然地说："这些鱼已经足够我一家人食用了。"

美国人又问："除了钓鱼，你一天剩下的时间都在干什么？"

墨西哥渔夫说："我每天睡到自然醒，出海抓几条鱼，回来后跟孩子们玩一会儿；之后，再睡个午觉。黄昏时，到村里喝点小酒，跟哥儿们聊聊近况……"

美国人帮他出主意，说："我毕业于美国哈佛大学，专业是企业管理，我给你出个好主意。你可以每天多花一些时间去抓鱼，留出家人食用的鱼其他拿到市场去卖；等钱攒够了，就去买条大点的船，然后抓更多鱼……你可以直接将鱼卖给加工厂，也可以自己开一家罐头工厂，控制整个生产、加工和行销。之后，你可以离开小渔村，搬到墨西哥城或者洛杉矶、纽约，依靠网络，在家就可以经营你的企业。"

墨西哥渔夫问："这要花多少时间呢？"

美国人回答："做到这些，需要花十五到二十年。"

墨西哥渔夫问："然后呢？"

美国人大笑着说："时机一到，你就可以宣布股票上市，把公司股份卖给投资大众，你就发财了。"

墨西哥渔夫问："然后呢？"

美国人说："到时你就可以退休了。可以搬到海边的小渔村，每天睡到自然醒……"

墨西哥渔夫疑惑地说："我现在不就是过着这样的生活吗？"

人的一生，究竟在追求什么？没有标准答案，一千个人可能会说出一千个不同的答案。可是，真正的成功只有一个，就是按照自己喜欢的方式过一生。

人生不过数十载，只有清晰地知道自己的人生里什么最重要，才能找到存在的意义。关于这个问题的答案，绝对没有完全相同的。爱情也好，财富也罢，或是情感、信仰，总有人会把其中的一项看作是最重要的。

有位老师曾问过学生这样一个问题：生命中，对于你，什么是最重要的？

关于这个问题，孩子们给出了很多答案：

有些孩子觉得金钱最重要，因为妈妈只有每天工作，才能挣到钱，养活家人。没有钱，他们就没得住、没得吃、没得穿。

有些孩子觉得身体最重要，因为没有健康的体魄，生命就会失去存在的价值，什么都无从谈起。

有些孩子觉得人品最重要，如果人品不好，就无法被社会接受，人生价值就会大打折扣。

很多事都会成为生命中最重要的，分不清轻重，孩子最终只能误入迷途。能够清楚地知道生命中什么是最重要的，人生之路才会更清晰明了，孩子才能把握目标，冲破重重迷雾，最终迎来成功的曙光。因此，要想让孩子提高自我认识，就要问问他们：你究竟想要什么？对你来说，最重要的是什么？

▲生命教育，就要从小开始

生活中，可能很多人都看到过这样的现象：

3岁的小孩，看到一只躺在太阳底下晒太阳的大黑猫，扔块小石头过去，可能人们会觉得孩子贪玩。但如果是一个初中生呢？看到一只大黑猫在晒太阳，如果他捡一块石头扔过去，人们多半都会生出不满。

原因何在？似乎小孩做错事可以原谅，而大孩子做错事了，就无法谅解。可是，对于生命来说，没有年龄大小的区别。对孩子进行生命教育，就要从小开始。

很多妈妈都认为，大人可以讨论"生命中什么是最重要的"这样的哲学性问题，而孩子还小，根本不必谈论这个。等孩子长到一定年龄，自然就会自己考虑，并想出答案。错！

现在说起这个话题，似乎有些沉重，就是因为我们儿时没考虑过这个问题。对于年幼的孩子来讲，这个问题异常重要。因为，生命教育需要从小开始。比如，感恩是生命中最重要的，有意识地从小培养孩子感恩的品性，他就会渐渐明白，生命中感恩最重要。长此以往，孩子就会比同龄人更懂得感恩，将来也会成为一个懂得感恩的人；孩子没有感恩意识，会逐渐被其他因素影响，就很难明白感恩的意义了。

**▲告诉孩子：什么是生命中最重要的**

人的一生是有限的，在孩子的人生之路上，必须清楚地知道，什么东西对自己最重要。如此，他们才不会平庸、糊涂地过一辈子。终有一天他们会发现：守护生命中最重要的东西的日子是最美的、最值得回忆的。因此，在为孩子的人生做规划之前，先要让他明确：什么是生命中最重要的。

一天，父亲将一个大玻璃瓶放在孩子面前，又拿出两个塑料袋，一个里面装着核桃，另一个装着莲子。

父亲对儿子说："小时候有人给我做了这个实验，令我至今难忘，现在还时常想起实验的结果。今天我给你做一遍，希望你也能一辈子记住它。"

儿子既好奇又疑惑，不是讨论"生命中什么是最重要的"吗？这应该是哲学问题吧？为什么突然要做实验？用核桃和莲子怎么做实验？

父亲把核桃倒进玻璃杯中，直到再也装不下为止，然后说："你看，杯子满了吗？"

儿子似乎知道了父亲的意图，想了一下说："如果只装核桃，杯子已经满了。"

父亲又把莲子拿出来，一颗颗放进杯子中，填满剩下的空间。父亲一边放，一边笑着说："你能说出这个实验包含的哲理吗？"

儿子说："说明，在这个世界上，没有什么是可以绝对填满的。"

父亲没有说话。

儿子又说："说明，时间就像瓶子里的空隙，需要充分利用起来。"说完，他觉得似乎还不对，又说，"说明空间是可以无限细分的……"

儿子一口气给出很多答案，父亲却说："你说的这些都有道理，但这些都不是我今天想告诉你的。我们反过来看，如果我先装的是莲子而不是核桃，当莲子填满瓶子后，还能装得下核桃吗？想想看，人生是不是也是如此？先用琐碎的小事填满生活，还有时间考虑真正的'人生大事'吗？那样做只会耽误了真正重要的事情，白白浪费了大好光阴。明白了吗？"

儿子听后陷入了深思……

确实，现实中有些人就是这样，不管做什么事，都喜欢避重就轻。即使知道什么事更重要，却总能找出各种理由回避它。结果，只能吃到很多苦到心田的莲子，却吃不到香甜健脑的核桃。

在孩子的一生中，会经历很多事，分不清轻重，只会被各种诱惑迷惑着，用大好时光来对付那些不重要的事情，忽视了真正重要的事情。孩子的人生之路非常漫长，作为妈妈，要想让孩子有效地利用时间，就要让他们早早明白哪些事情是真正重要的。

# 让孩子问问自己：我的潜能在哪里

　　每个孩子都是一座金矿，表面上呈现给人们的只是一点点光彩，深埋在地下的才是真金，而地下部分要远多于地上裸露出来的。不要觉得孩子普通，不要觉得孩子一无是处，要努力挖掘出孩子的潜能。之后，以此为根据，为孩子规划好明确的目标。

　　周杰是我的初中同学，也是我儿时的邻居，如今是一家餐饮公司的老板，在很多城市都有分店。其实，说起他的发家史，就不得不说父母对他的成长教育。

　　小时候，由于两家挨得近，我们俩的关系很好。周杰不喜欢学习，但喜欢做些小买卖。开学前，他会到批发市场批一些书皮来卖给同学；元旦的时候，会批发一些贺卡卖给同学。由于他的价格比市场价要便宜，我们都喜欢跟他买。初中毕业后，同学们有的上高中，有的上中专，他便开始倒腾自己的小买卖。对于这些，他妈妈并不反对，似乎还很支持，原始资金都是他妈妈出的。

　　此外，他还非常喜欢美食，他用自己挣的钱吃遍了整个市区的美食。等他做小生意积累一定资金后，自己先开了一家面馆，之后越做越大，成了富翁。据说，为了让他吃遍本地小吃，他妈妈没事的时候，就会带着他到市区转悠。甚至，还尝遍了附近地区的美食。

现在想想，可能当初周杰妈妈就发现了他的潜能，知道孩子学习不好，但会做生意、对美食有研究，于是大力支持，这就为他后来的事业奠定了基础。

多元智能理论，是由美国著名心理学家霍华德·加德纳教授提出的。他认为，人类智能是呈多元化发展的，其中包括数学逻辑智能、空间智能、语言智能、人际智能、音乐智能、运动智能、自我认知和自然认知智能。每个人的智能组合都不一样，正常情况下每个人至少都会有一项优势智能。

所谓优势智能，就是我们常说的"天赋"和"特长"。至今，很多幼儿教育方法都不自觉地将这一理论应用于实践中，妈妈可以从全新的视角认识孩子的智能成长。通过这一理论可以发现：每个孩子都天赋异禀，都有自己独特的优势智能。作为妈妈，应该做的就是努力发掘孩子的优势智能，引导他们将其释放出来，带动其他各项智能的全面发展，使孩子成为更优秀的人。

▲善于发掘孩子的潜能

成功的妈妈都有一双火眼金睛，能够准确地发现孩子的与众不同；他们是孩子的第一位伯乐，能够指引孩子朝着成功概率最高的学习方向发展。要想提高孩子的自我认知，就要善于发现孩子的潜能。

爱迪生是位伟大的发明家，他的母亲更是一位伟大的女性。她的伟大之处，正是培养出了一位伟大的儿子；她的成功之处，就在于她十几年如一日地培养和发展孩子的自尊心和自信心，把他的潜在优势充分挖掘出来，将星星点点的智慧之火燎成熊熊燃烧的创造之光。

爱迪生8岁上学那年，不仅表现得不出众，还经常惹得指导老师不快。有一次上数学课，老师在上面讲数学题，爱迪生突然站起来问老师："为什么2+2等于4？"老师认为这是在存心找麻烦，于是反问道："如果不等于4，难道等于5？"爱迪生没听出这话语里的不屑，反而更想弄明白其中的奥秘，他冥思苦想得不到答案，又忍不住问老师："为什么2+2不能等于5？"老师被他的"淘气"惹火了，训斥道："爱迪生，你是在故意捣乱，站到教室外面去。"被责骂的爱迪生委屈地跑出了教室。

回家后，爱迪生把课上发生的事告诉了母亲："我不过是想知道为什么2+2=4，可是老师却骂我。"母亲听了儿子的讲述，心里很不平，到学校找老师理论："恩格尔先生，我认为你作为一名教师，应该更了解学生的心理。"恩格尔说："我的职责是教书，其他的一律不会过问。"

爱迪生的母亲说："如果老师都像你这样教书，孩子怎么能学得到知识？"后来，老师带爱迪生去一位名医那里检查身体，医生看看爱迪生扁扁的脑袋，检查了一番，说："他的脑子坏掉了。"恩格尔对爱迪生母亲说："您的孩子又笨又淘气，无论我怎么教他，他都没有其他孩子学得好。对不起，我无能为力。"

母亲只能带着爱迪生离开学校，回家自己教他读书。爱迪生的母亲曾担任过一所小学的教师，本身也是个知书达理的人。她在家给儿子讲历史、文学和科学，还鼓励爱迪生看各类书籍，当同龄的孩子还在读童话时，他已经开始看《大英百科全书》《英国史》等著作了。

在母亲的精心培育下，爱迪生愈发展现出强烈的求知欲，他在地窖里建立了自己的小实验室，一边读书，一边做实验。虽然家境贫寒，没能接受正规、系统的学校教育，但母亲早已在他幼小的心田里播下了名为"科学"的种子。最终，爱迪生经过长期的刻苦钻研，成为20世纪最伟大的发明家，为人类贡献了一千多项发明。

不可否认，爱迪生的母亲非常善于发掘孩子的潜能。她细心观察孩子的生活，准确地把握住了孩子的潜在智能，并依照他独特的智能优势，有针对性地进行特殊培养。

### ▲有针对性地培养孩子的潜在优势

世界上没有完全相同的两片叶子，也没有完全相同的两个孩子。每个孩子都是这个世界独一无二的存在，如果想准确发掘孩子的潜在优势，妈妈就要长期留心观察。只有了解孩子的真实情况，才能做出明智的决定。有个童话故事：

一头小象和一只长颈鹿参加森林运动会。第一个参赛的项目是双脚站立，小象长得敦实，身体协调性好，最后赢得了比赛冠军；而长颈鹿因为平衡力太差，输了比赛。第二个参赛项目是平衡木，小象身体笨重，遗憾地从平衡木上摔下来；而长颈鹿体态轻盈，最终赢了大象。

由此可见，每个人身上都有优势和劣势，霍华德·加德纳总结的人类基本智能，在孩子小时候，并不能时刻都将这些智能体现出来。妈妈要从日常生活中，仔细、全面地观察孩子的表现，从中挖掘出他的智能优势，适时地加以引导。

如果发现孩子喜欢给布娃娃缝衣服，就要给孩子准备各种布料，引导孩子主动缝制小衣服；要将具体的缝纫方法告诉孩子，也可以买一部小型台式缝纫机；如果发现孩子喜欢画画，不仅要给孩子购买各种画画的工具，还要多带孩子出去走走，提高孩子对自然的感受力；如果发现孩子喜欢美食，就可以带着孩子尝遍当地的美食，甚至可以带孩子走出去，品尝各地的美食和小吃。

# 让孩子问问自己：我有哪些兴趣和爱好

孩子会经历升学和就业，人生规划会贯穿他们的一生。因此，从小学时代起，就要努力寻找孩子的兴趣和爱好，之后引导他们根据自己的兴趣爱好，做好人生规划。因为，兴趣和爱好也是驱使孩子努力去做一件事的重要诱因。

杰克9岁时偶然看了F16战斗机的表演，因此对F16战斗机产生了浓厚的兴趣，于是开始四处收集有关F16的照片、资料、书籍，并决心成为一名F16飞行员。

11岁时，他开始为实现"人生理想"做准备。当他知道成为F16飞行员的要求很严格时，才意识到这个过程有多么复杂。在美国，十几岁就可以到飞机驾驶学校学习，但要成为一名真正的F16飞行员，比上哈佛大学还难。每年都会有上千名学生进入常春藤大学，但只有100多人能进入美国空军参加F16战机的飞行训练。

一个诞生于9岁的梦想彻底改变了杰克。以前，他不喜欢学理科课程，成绩很一般，但当他知道要成为全美最好的飞行员，不仅要有很好的身体素质、反应能力、思维能力外，还要精通数学、物理等科目时，杰克就开始不断地调整、完善自己，积极培养对数学、物理的兴趣，努力提升各科成绩，并积极主动地从各种社会活动中锻炼自己的综合素质。

18岁时，杰克拿到了私人飞行驾照，并以优异的成绩考入德州大学工程系，同时加入空军后备役。大学毕业后，杰克去服兵役；然后，回到大学，一边攻读电子工程硕士，一边等待F16飞行员的申请审核结果。杰克25岁时，不仅获得了硕士学位，还实现了自己的儿时梦想。

经过十几年的不懈努力，杰克终于实现了儿时的梦想，获得了F16战机飞行员的训练资格。那时候，F16是美国空军的主力战斗机，是无数美国人心中的神话。

梦想出于偶然，但杰克证明了实现梦想绝非偶然。正因为长期不懈地为理想做准备，他才最终成为一名优秀的飞行员。这也告诉我们，只有经过长期的职业预备，才能造就高精尖的人才。

调查显示，多数进入大学后的学生，对自己的学校不太满意；60%的大学生，对在学专业不感冒。没有明确的职业目标，选择大学和专业时只会盲从。因此，要从小就开始规划孩子的职业生涯，让孩子知道自己的兴趣所在，知道自己想要什么，这样他才能在今后的学习、工作中不迷茫、不后悔，坚持做最好的自己。

### ▲孩子的爱好需要规划

孩子幼时会有很多兴趣爱好，比如唱歌、跳舞、溜旱冰等，但这里面多半的爱好都只是一时兴起。拥有一两项兴趣爱好不仅可以丰富孩子的日常生活，还能成为孩子与他人交往认识的媒介。所以有规划地培养孩子形成一两项长久的兴趣爱好，十分必要。

如今，音乐已经深入现代人的生活中，成为日常文化生活中必不可少的内容。但很多孩子却不喜欢学音乐、练乐器。有些妈妈认为强迫孩子学乐器、学音乐不对，但没人觉得强迫孩子上学有什么错。他们觉得，学习文化知识是正经事，学音乐、学乐器就是闹着玩儿，或者干脆是为了妈妈的面子。其实，音乐也是一种重要的文化形式，只要耐心引导，孩子也会对音乐产生兴趣。

李女士从小就喜欢音乐，一直梦想着能拥有一架钢琴。中国妈妈总会将自己小时候得不到的送给孩子，于是她就将希望都寄托在孩子身上。从女儿 2 岁开始，她就培养女儿唱歌；到了 5 岁，女儿的手指灵活度和思考能力进入发展期，她就开始引导女儿学习弹琴、读谱。

女儿 5 岁时，李女士就买了架钢琴，还专门为女儿请了老师，每周给孩子上两次钢琴课。为了晚上不影响邻居，还专门配备了一台敏感度极高的电子合成器。

女儿坚持了好多年，已经能演出完整的曲目，学校举办什么活动，钢琴独奏都是女儿的保留节目。

音乐教育不仅是一种潮流，还对智力发展有着很多的益处。研究显示，植物在优美的音乐环境下可以更好地生长，儿童的智力发育也是如此。据说，在哈佛大学，50% 以上的本科生在少年时期都学习过音乐，或者至少练过一种乐器。也有成功人士指出：音乐能够锻炼孩子的耐心、勤奋和奉献精神，给予孩子艺术性的自我认识，这些都有利于孩子适应各种生活环境。

人生哪里不需要规划？人生哪里都需要规划。适当给孩子做个兴趣爱好规划，对孩子的成长很有帮助。

▲孩子的感情需要规划

孩子的感情也是需要进行规划的。不同年龄阶段，孩子的感情变化是不同的，需要跟孩子说明并作出提醒和规划，如此，孩子就知道什么时候该干什么事了。

这天在中学微信群中，一个同学家长发帖说："女儿早恋了，怎么办？"顿时，群里沸腾了，有的人让严格管教，因为孩子才上初中；有的让顺其自然，因为大家都是过来人，知道初中生恋爱来得快，去得也快。

这时候，一个同学家长说："其实，孩子刚上初中，要让她学会正确处理跟异性同学的关系，提前跟孩子沟通好；等孩子上了高中，则要让孩子正确认识优秀的男生是怎样的？等到上了大学或者进入社会，可以让孩子尝试恋爱……"

我很赞同这位家长的说法。

说到感情的规划，可能很多妈妈都会觉得惊讶，结果等到孩子进入青春期，面对孩子的叛逆行为，妈妈只能茫然无措。其实，孩子上小学时，就懂得用"三八线"来表示"男女的不同"；到了初中，更会早早陷入"异性吸引期"，心里也开始有了自己的男神、女神；等到了高中，很容易进入"两性眷恋期"。如果有一天你突然发现孩子早恋了，怎么办呢？是任其自由发展？还是采取强制干预措施，迫使他们断绝来往？

如果任其自由发展，很可能会因为孩子心智发展不成熟、自制力较弱，造成耽误学业的后果；如果不顾一切地强制干预，听话的孩子别扭一阵也就过去了，但如果孩子很叛逆，妈妈越是施压，他就会越反抗。从结果上看，两种处理方式都不妥。其实，爱情这件小事，也是需要纳入人生规划的，一旦掌握了规律，妈妈也能跟孩子大方地畅谈这一话题。

例如：在小学高年级阶段，孩子会进入"异性疏远期"，对于两性的区别有了较清楚的认识。此时，要防止孩子性别错位，特别要向孩子强调社会对不同性别的期待，正确引导孩子。

初中阶段是"异性吸引期"，孩子一般都想给异性留下好印象，希望被关注、被欣赏。他们开始注重外表、逞强好胜，虚荣心会有所膨胀，容易结交不良伙伴。要引导孩子内外兼修，告诉他们：美好的心灵和健康的外表才是最具吸引力的。

高中阶段是"两性眷恋期"，孩子渴望找到心灵上的共鸣者，会主动关心他人，初步产生责任感。此时，妈妈要引导孩子理性地认识这种感觉，学会正确对待被拒绝、失恋等情感，引导孩子全方位地理解爱情的神圣之所在。

大学阶段，爱情就进入了"实验期"，要让孩子懂得如何与异性保持合理接触，体验被接受或拒绝的感受，亲身体会爱情。此时，妈妈应重点引导孩子学会正确处理恋爱中的生理与心理冲动，知道如何与异性健康交往，并锻炼协调爱情与生活的能力。

Chapter 3

# 人生规划，也要从梦想开始

# 每个孩子都是伟大的"梦想家"

每个孩子都有一个五彩斑斓的未来梦。每天清晨，当我送孩子走进校园，听到教室里传来的读书声，看着他们认真地在家里做作业……似乎就能从这些日常的点滴里看到梦想在孩子心里含苞待放。人生规划，也要从孩子的梦想出发。

情景一：

小川是个敢想敢说的女孩，她说："我的理想就是考上一个好大学，然后考公务员，到教育局工作，最好能当上教育局的领导。这样我就可以管理所有学校，要求所有学生假期不能只玩电子游戏，必须走出家门去亲近大自然。"

情景二：

形形从小就有很强的语言理解能力，对文字也相当敏感，语感极佳。她说："我从小就有一个梦想，那就是成为大作家。我要写一本书，让老人和孩子都能看懂，这本书不仅要有《汤姆叔叔的小屋》般的发人深省，还要有《杨红樱系列》的戏剧与俏皮、《女巫》的奇思妙想与天马行空……总之，我要把各种元素都集中在这本书里。我知道这听起来有点不靠谱，但说不定真的能实现呢。"

情景三：

小达今年才 11 岁，就有着陶渊明式的超然理想："我将来要住在一片深山中，那里是最接近自然的地方，过平淡而与世无争的生活。和山里的花草树木一起成长，跟那里的飞禽走兽一起生活。即使我死了，也会埋在深山里，给脚下的土地提供养料。"

每个孩子都有自己的梦想，只要认真观察，细心发觉，并小心呵护，每个梦想都会为孩子的成长提供力量，让他们飞得更高、更远。

家庭教育的核心任务就是让孩子拥有梦想并愿意为之努力。世上只有一个爱迪生、一个毕加索，但只要让孩子有梦想，他就能找到自己的人生坐标，为自己画出一幅独一无二的人生画卷。比如：

当孩子迷茫徘徊时，可以帮他们找到自己的偶像；

当孩子看到偶像所获得的成就后，就要让他知道偶像之所以能取得今天的成绩主要是因为洒下了无数的汗水；

当孩子不知道该如何为实现梦想着力时，就要帮他们制订一个行动计划，给他们提供合理的建议和帮助；

当孩子在追梦的道路上遭遇挫折时，可以鼓励他们坚持不懈，在心灵上给予慰藉，在情感上给予支持……

▲肯定孩子，鼓励孩子的梦想

追逐梦想的道路本就荆棘丛生，要想让孩子实现自己的梦想，离不开妈妈的指引。在孩子追梦的过程中，作为妈妈的我们，就要肯定他们的梦想，为他们实时地提供帮助，并鼓励他们，为他们排忧解难。

曾经我在一所小学对三年级的学生做过一个调查，题目是："你们的梦想是什么？"结果，孩子们给出了不同的答案。

佳佳回答说："当老师。"我问："为什么呢？"佳佳说："因为老师懂得很多知识，能教会别人很多道理。"

小鹏说："我要成为一名军人，像我哥哥一样。以后可以参加国庆大阅兵，穿一身军装多威武啊。"

小玉说："我喜欢画画，喜欢漂亮的衣服，以后我要当服装设计师，让很多人都穿上我设计的衣服。"

成成说："我要当大厨。"

同学们哄堂大笑，但成成却认真地说："我妈每天都会给我做很多好吃的，我觉得特别开心。以后我也要让妈妈吃了我做的饭菜，开心地笑。"

轮到小彬时，他说："我不知道自己的梦想是什么。"我让他闭上眼睛，深吸一口气，让他想一件自己觉得很有意义又非常喜欢的事。小彬想了一会儿说，他想当一名医生。

我问："你怕流血吗？"他说："有一点。"我鼓励他道："没关系，长大后你就不怕了。"

之后，我对所有的学生说："你们的梦想都不错，只要好好学知识，坚持不懈，你们的梦想终将实现，我相信你们！"

孩子们受到鼓励，眼里散发出奕奕的光彩。

每个孩子都需要鼓励，尤其是来自妈妈的鼓励，这会让他们坚信自己能够梦想成真。孩子的梦想异常可贵，妈妈要做的就是，相信他们，鼓励他们，激励他们努力实现自己的梦想。

将自己的形象理想化就会产生梦想，这是一种宝贵的心灵力量，会激发出孩子的最大潜能，从而实现自己的人生目标。妈妈要肯定孩子的每一个梦想，无论孩子喜欢什么，只要不是非常危险的事，都应该给予肯定。孩子喜欢玩积木，未来也许会成为工程师；喜欢大自然，说不定会成为环境专家……即使孩子的理想看似不切实际，也不妨先给予包容性的认同。有些梦想只要敢想敢做，说不定也能实现。

### ▲过度保护会"扼杀"了孩子的梦想

孩子执着地做一件事时，并不会像我们认为的那样不堪一击，反而会为了实现目标努力地做最好的自己，即使最后失败了，妈妈也可以在安慰好孩子委屈的内心后，教孩子从失败中汲取经验。相反，如果妈妈过度保护孩子，不让孩子去尝试，那很可能会将孩子的梦想扼杀掉。

很多人都知道第一个登上月球的人是尼尔·奥尔登·阿姆斯特朗，但很少有人知道，他小时候就曾经"登上"过月球。

一天，年幼的阿姆斯特朗正在院子里玩，正在做饭的母亲被他吵得心烦意乱。妈妈走出来，问他："你又在搞什么鬼？"他回答说："我要跳到月球上去。"听了儿子的话，妈妈不假思索地说："哦，是这样啊！别忘了回来吃饭。"

虽然说，并不是每个孩子都会成为阿姆斯特朗，但妈妈们都能成为阿姆斯特朗的母亲，用满满的智慧保护好孩子的好奇心与热情，鼓励他们将天马行空的梦想照进现实。

孩子都是天真无邪的，在他们的头脑中总会出现千奇百怪的想法，有些听起来似乎不切实际。对此，多数妈妈总是习惯性地直接否定。对于这种做法，我表示理解，因为任何一位母亲都不想让孩子多走弯路，不想让他们过得太辛苦。但过度保护孩子，反而会将孩子的梦想扼杀掉。让孩子按大人的想法中规中矩地长大，只会让他们成为温室里的花朵，禁不起风吹雨打，更无法茁壮成长。

梦想是希望的源泉，有希望的孩子才会充满拼搏的勇气和激情，一定要鼓励孩子拥有梦想、实现梦想，一定要告诉孩子：守住自己的梦想，然后为之努力，就会比别人更早到达成功的彼岸。

# 不断尝试，才能实现自己的梦想

梦想看似遥不可及，但只要敢于尝试，就有实现的那一天。任何梦想的实现，都离不开尝试。如果孩子连尝试都不敢，别说梦想了，就连当下的事情都做不好。

通往梦想的道路遥远而曲折，面对未知的前方，只有不断尝试，才能了解真正的自己；只有不断探索，勇敢踏出第一步，才有成功的机会；只有坚持不懈地努力尝试，才能实现梦想。

周末，我跟同事一起带着各自的孩子，相约到郊外游玩。忽然，小家伙们被路边的野果树吸引了，跑过去仔细地端详，不管是青果子还是红果子，吵嚷着跑去摘，我赶忙提醒说："青的是没熟的，不要……"还没等我说完话，同事就把我挡了回去："没事，这些果子又没有毒。哪种好吃，哪种不好吃，让他们自己去尝。"

同事的一句话，一下子提醒了我。是啊，这么简单的道理，我怎么就想不到呢？有时候，我们大人潜意识里这种急功近利的生活态度，往往会不自觉地应用到对孩子的教育问题上。少了亲自尝试的机会，孩子们就失去了一次自我成长的机会，我们应该做的，就是帮助孩子学会分析实践中遇到的问题，使孩子不断完善自己。

每次新的尝试都是一次提升，长此以往，孩子的能力就会比别人强。

如今多数家庭都是独生子女，生存、生活都用不着发愁，不仅很少受到风吹雨淋，还总是被妈妈哄着、让着，几乎没有机会品尝失败的滋味。但是，只有遭遇失败、分析原因、解决问题，才能完善自己；只有不断让孩子去尝试，他们才能循序渐进地提升自己，并成为栋梁之材。

实践是检验真理的唯一标准。不管人生规划做得多好，只有经过实践，才能知道计划是否可行、哪里需要调整；只有在不断实践的过程中，才能有所成长。

无论做什么事情，都离不开个人的努力，尽早让孩子接受挫折教育，才能让他们更快地学会面对挫折，学会找出解决方法，进而提高自己；也只有这样，才能引导他们掌握自食其力的能力。用一种紧迫感来教导孩子，使孩子从小就无畏挫折和失败，养成敢于尝试的顽强性格。

孩子只有在不断尝试中遭遇了失败，妈妈才能借此帮助孩子分析自己的优势和劣势，让孩子清楚今后该如何提升自己。如此，不仅能锻炼孩子的竞争意识，还能提高孩子的心理承受能力。

### ▲接受和引导孩子的理想

孩子成长中的每件事，都应该让他亲自去尝试，只有让他体验到失败的滋味，才能从中学会避免失败的本领，从而提高自己，在未来才会具备强大的生存能力。

小可是个初中生，从小就受到霍金的影响，上初一就痴迷于物理，不仅提前学习了高难度的物理课程，还积极参加各种物理竞赛，近乎狂热地看遍了霍金的所有著作，脑子中总是盘旋着有关宇宙爆炸的理论。那时候，小可的唯一梦想就是成为一名物理学家。

妈妈问他将来想上哪所大学？他说只要有物理系的都行。于是，妈妈就鼓励他找时间到科技学院去转转，甚至可以去听听中科院物理研究所的讲座，看看科学家是如何工作的。

两年后，小可跟妈妈说，自己不想做物理学家了，他觉得闷头搞研究没意思，跟其他人一起做技术开发反而更有趣。于是，他就开始留意技术开发方面的知识。

上高中时，小可参加了学校的社团招新，到校电台做设备管理员，这是学校里唯一一个与工程类兴趣比较接近的组织，需要踏踏实实地做事。

高考前夕，小可再次改变了想法，他期望将来能成为一个成功的企业家，创立一个研发高科技的先进企业。最后，在各院校自主招生考试中，他以优异的成绩接到了多所学校抛出的橄榄枝，既有商科名列前茅的专业大学，也有实力雄厚的综合大学，还有非常优秀的理工学院。经过权衡奖学金、职业发展等多种因素后，他选择了一所综合大学。因为他知道，自身的综合实力对成为一名高科技企业的领导者至关重要。

这个例子说明，孩子只有在尝试中不断探索，不断修正自己的职业理想，才会找到真正适合自己的道路。因此，妈妈要坦然面对孩子的所有理想，然后有效引导。

### ▲告诉孩子如何看待失败

孩子遭遇失败很正常，让孩子远离失败，就是在剥夺孩子成长的机会。只有让孩子学会在不断尝试中寻找方法，才能让他们认识到这件事的重要性。妈妈应该做的，是帮助他们分析失败原因，教会他们从中总结经验教训，不断成长。要告诉他们：如何正确对待失败、分析失败，并引导他们学会从中提升自己。

周末，久居海外的晓珊带着她6岁的儿子来我家做客。男孩从小就生活在海外，不管看到什么，都觉得好奇，走到哪里都想看看、摸摸。我和朋友在厨房包饺子，小家伙忽然跑来，看着包好的饺子，眼睛滴溜溜地转，之后抓起一个就往嘴里塞。我刚想制止，就被朋友拉住了，她平静地对我说："没事，别管他，这样他才能知道生的不能吃。"果然，小家伙只咬了一口，就皱着眉头、咧着嘴，把生饺子吐了出来。

只有孩子亲自尝试得知生饺子不好吃，以后才不会吃生饺子。这种通过亲身实践得到的体验，将会成为他们人生中宝贵的经验。在尝试的过程中，孩子就能学会自己分析：什么东西可以吃，什么东西不能吃，从而在之后的生活中减少同样的失误。

在今后的人生中，孩子要经历很多挑战，比如考试、升学等，这些过程中有成功的喜悦，也会有失败的打击，妈妈一定要教孩子在不断地尝试中学会成长。

告诉孩子：失败并不可怕。只要正确对待失败，不把失败当作人生的结束而是起点，就不会被失败打倒。

告诉孩子：失败是过程而不是结果，失败只是人生道路上的一个小过程，做事千万不要半途而废。

告诉孩子：失败了，要勇敢地去面对。同时，承认自己的不足，然后找出更好的方法。

告诉孩子：失败留给我们的并不是一无所有，而是有坏的一方面，同时也有好的一方面。

告诉孩子：只要继续努力，总有一天会走向成功，因为每次的失败都让我们离成功更近一步。

## 梦想的实现，也需要一步步来

等待是人生的一门必修课，即使你再想看北国的无限风光，也需要经历漫长的旅程。梦想的实现，需要时间与努力来铺路，才能达到终点，看到自己期待已久的风景。对于孩子来说，如果想实现自己的梦想，也需要一步步来，只有脚踏实地，一步步进行，打下牢固的基础，才能实现自己的目标和理想。

拥有自己的梦想，并为之不懈奋斗，总有一天梦想会实现的。

90后小伙子小丁依靠个人的不懈努力，实现了自己的梦想。其实，小丁之所以能够取得令人羡慕的成绩并不是巧合，而是因为他十几岁时，就为自己的人生找到了奋斗目标——服装。之后经过不断的积累，一步步地向目标靠近，当一个个阶段性的小目标实现后，最终实现了自己的大梦想。

15岁，小丁就开始想这个问题：自己长大后，该做什么？如果自己作文写得好，就去搞传媒；如果自己喜欢时尚，就可以走时尚路线；如果自己懂得心理和营销知识，就可以做市场推广。于是，他在以后走出了这样的成长之路。

17岁，利用课余时间，阅读了许多有关心理学、新闻学、策划管理和服装设计等方面的书籍。

19岁，被一家与服装有关的杂志社破格录取，担任服装专栏记者。

……

24 岁，创办自己的服装贸易公司。

当若干个小目标一一被实现后，便有了今天小有成就的小丁。

任何人都可以成为下一个成功者，但都需要一步步来。不管孩子的梦想多么远大，但要走到梦想面前，还要不断细化目标。比如，孩子想要当国际律师，就可以告诉他："国际律师必须精通多门外语，还要对各种法律条文记得滚瓜烂熟。如果想要实现梦想，第一步，你应该先把课业中的英语学好，空闲时间多看看《今日说法》之类的法制节目。"如此，通过日积月累，孩子每天都会向梦想走近一步，实现梦想也就指日可待了。

因此，作为妈妈，不仅要让孩子拥有梦想，更要努力帮他细化目标，让孩子脚踏实地。人生在世，没有明确的奋斗目标，没有内心执着的理想，是很难得到发展和成功的。无论孩子的理想是什么，不管是学者、军人、政治家，还是商人、科学家，要想实现它，都要一步步进行。

### ▲帮孩子"设计"梦想之路

生活中，很多人都会走一些弯路，甚至最后无法实现期望中的理想。原因何在？其中一个原因就是急于求成。叶圣陶先生说："教育是农业，而不是工业。"这一点跟时下流行的"慢养"有着异曲同工之妙。在教育孩子的问题上，绝对不能着急，拔苗助长是无法取得理想的结果的。

有这样一则寓言故事，可以用来影射在教育孩子的问题上：

春天，农夫在地里种下两棵树苗，它们并肩生长，长得也一样高。

第一棵树从一开始，就立志要长成一棵参天大树。它扎实地吸收着来自土地的每一份养料，把它们储备在每个细胞里，让自己茁壮成长。因此，在头两年里，这棵树并没有结出果实，农夫很是恼火。同时，旁边的那棵树也拼命吸取养分，不过它打算早点开花结果，让人们都能围着它采摘。最后，它做到了，农夫很高兴，经常浇灌它。

几年过后，那棵许久不开花的树已经长得非常粗壮，因为养分充足，结出的果实又大又甜。而另一棵，则因为开花太早，过早地承担起开花结果的责任，结出的果实又苦又涩。看到自己的辛苦都被浪费，农夫虽然惋惜，但最后依然将它砍倒，当成了柴火。

每个孩子都像一粒种子，从播种的那天开始，就应该让他知道未来在哪里。妈妈要把眼光放长远，引导孩子不断积累学识，学会厚积薄发，成功自然水到渠成。同时，我们也要有足够的耐心，静静地等待孩子一步一步地实现理想，走向成功。

### ▲让孩子不要轻易放弃梦想

梦想是孩子行动的目标，其实现需要经历一个漫长的过程，还可能遭遇很多挫折。无论如何，都不要让孩子轻易放弃自己的梦想。因为只有坚持，梦想才可能实现。

有个男孩从小就喜欢放风筝，妈妈给他买过几只风筝，后来男孩竟然开始自己设计风筝的样式来。

男孩做的第一只风筝是航天飞机，它的样子很像神舟六号，表达了自己想要飞天的梦想。但要让风筝能飞起来，可不是那样简单。男孩尝试了几次，风筝都没有飞起来。花了一个星期的时间，却一事无成，孩子有些泄气，心情也烦躁起来。

不过，妈妈知道，他可不是会轻易放弃的孩子。妈妈对男孩说："你已经做过所有的努力了，对不对？但还不知道它为什么不能飞？这样，我帮你找个做风筝的师傅，让他给你解答这个问题，好不好？"

一个星期后，男孩从风筝师傅那里知道了其中缘由，并在师傅的帮助下，改进了自己的设计，风筝终于飞上了天。当孩子把这只风筝送上天空时，那种兴奋程度远比放飞其他风筝要高得多。妈妈将一切都看在眼里，对儿子说：

"任何梦想的实现都不容易，遇到困难，千万不要放弃，一定要告诉自己'我能行'。"

实现梦想不是一件容易的事，有些梦想，要究尽一生才能实现。这样的人生价值，不在于实现这个梦想，而在于追求梦想的过程中经历了什么、体验了什么、学到了什么。梦想需要一步步实现，在实现的过程中，我们的作用就是引导孩子坚持自己的梦想。

# 将梦想和社会需求联系在一起

任何梦想都不能脱离实际，都不能脱离社会需求，否则很难实现。即使实现了，也无所用处，也无法将个人的价值充分发挥出来。如果孩子说，我的梦想是未来能够站在玻璃球上、我的梦想是成为英雄奥特曼……对于两三岁的孩子来说，这样说还觉得有意思、挺好玩，可是一旦孩子不再年幼，他们说出这样的理想，妈妈就要做出引导了，一定要告诉孩子：不管你的梦想多么伟大，都要跟社会需求联系起来。

球球是个可爱的小男孩，他想象力异常丰富，经常语出惊人。不是今天说一句"我是世界上最高的人"，就是明天说一句"我要成为中国最棒的护旗手"……每每听到这些，大人们都会呵呵一笑。

这天，球球跟妈妈到小河边玩。看着潺潺的流水，他突然说："我长大后要让河水倒流。"如此宏伟的梦想，让妈妈心中一阵激动。可是，转念又一想：太不符合实际了，谁能让河水倒流？

没想到，从那以后，球球就像着了魔一般，只要一有时间，就从水龙头上打水，来回摆弄。只要一到小溪或小河边，就会用长木棍来回捅……妈妈跟他说，这个梦想不切实际，可是球球不服气，说自己一定能办到。

如果球球是你的孩子，你会如何想？如何引导？想必，多半会又爱又恨吧。爱的是，孩子有梦想，有追求；恨的是，梦想不切实际，孩子却整天在屋里拿水去实践。

任何梦想的确立，都需要跟社会需求联系在一起。不切实际，脱离了社会现实和需求，这样的梦想是无法实现的，也没有任何意义。

人生来都有理想，它如同一粒种子、一棵幼苗，会在每个人的心中生根发芽。虽然理想是个人需求和欲望的表现，但不是所有需求和欲望都是正确的，因此理想也有积极和消极之分。个人理想不仅要满足自己的欲望，还应有利于他人，有利于社会。

在我们身边，很多妈妈都担心孩子的梦想不切实际。其实，很多孩子的梦想之所以不切实际，主要原因是没有做好人生规划。在帮助孩子做生涯规划时，必须努力发掘孩子心中更大的梦想，引导他们将自己的梦想跟社会需求联系在一起，让他们的梦想更实际、更有迹可循。

幻想、梦想、理想、现实，这四个阶段会随着孩子心理的发展和成长不断变化：幼儿时，孩子们幻想会多一些，少年时，会拥有自己的梦想，接着就会转化成理想；经过一番努力奋斗后，理想就会变成现实。其实，这一过程也是孩子不断进行社会化的过程。

### ▲以孩子一生的发展为出发点

就像面对应试教育，很多妈妈都觉得"考上好大学"就是孩子最大的理想。其实，这是片面而短视的，这样的想法很容易忽视了孩子今后的发展。既然要做人生规划，就要以孩子一生的发展作为出发点。

1910 年，12 岁的周恩来跟着伯父到了沈阳，在奉天省官立东关模范两等小学校读书。

新学期开始后，为了测验学生的学习目的，魏校长课堂上给学生提出了一个严肃的问题："你们读书是为了什么？"

有的同学回答："为了懂得道理。"

有的回答："为了做官。"

家境贫困的学生回答说："为了挣钱，为了吃饭，为了不受欺侮……"

有个鞋店老板的儿子说："为了父亲而读书。"

……

听了孩子们的回答，校长似乎不太满意，脸色沉下来。他走到周恩来座位旁边，问："周恩来，你为什么要读书？"

周恩来站起来，庄重地回答："为中华之崛起而读书。"

这异乎寻常的回答，让魏校长为之一振，教室里顿时鸦雀无声。魏校长根本就没有想到，年幼的周恩来竟有如此远大的抱负。他高兴得连连点头称赞："好！为中华之崛起，你们都应该向周恩来学习。"

正是因为从小就有明确的学习目的和远大理想，周恩来成了倍受世界人民景仰的时代伟人。

孩子年龄小，无法形成对理想的正确认知，多半会听从父母的想法。父母要去除自己的功利心理，多一点宁静淡定，少一些急功近利，要以孩子的一生发展为出发点来引导孩子树立理想。

### ▲在关键时期引导孩子树立理想

理想，看不见，摸不着，有时则来自思想碰撞的灵光一现，妈妈一定要把握生活中的每个契机，引导孩子确立正确理想。例如，孩子刚看完一本书、一部影片，深有感触或产生思想矛盾时，要果断地抓住机会，跟孩子进行深入交流，之后帮孩子找到正确的人生目标和理想。

有个美国黑人，他的儿子很崇拜安徒生，于是出海时他带上儿子去参观安徒生的故居。

儿子来到一幢乡间小屋前，疑惑地问："爸爸，安徒生不是应该生活在宫殿里的吗？"

黑人父亲回答说："安徒生是鞋匠的儿子，从小就生活在这幢小木屋里。"

这个黑人小孩叫伊尔·布拉格，长大后成了一名记者，还是美国历史上第一位荣获普利策新闻奖的黑人记者。

他回忆童年时说："小时候我们家很穷，妈妈靠苦力养活一家人。当时我一直觉得，我们这样的黑人出身卑微，是很难有什么作为的。但参观过安徒生的故居后，我知道，上帝从没有这样说过。"

伊尔·布拉格的父亲只用了两个方法就为孩子培养出一个崇高的理想：一是带他参观偶像故居，了解他们的生活经历；二是教导他，出身不能决定人的一生，谁都可以拥有理想。由此可见，要想引导孩子树立正确的理想，就要引导他们多读一些名人传记，让他们深刻地认识伟人的生活、经历，从中汲取积极向上的精神力量。

有理想的人有很多，但能实现的却很少，有些人是因为中途放弃；有些人则是将理想存在脑袋里，没有付诸行动，当然也就不会有什么成就了。空有理想不行动，跟没有理想是一样的。当孩子遭遇挫折、困难时，妈妈一定要及时为孩子提供支持，鼓励他们用实际行动解决问题。

# 妈妈的梦想让孩子代劳只会伤了他

相信，每个人在年幼时都曾心怀梦想，希望自己长大后能够成为某一领域的专家，可是因为某些原因，有些人没有圆梦。待孩子出生后，这个梦想还萦绕在心中，于是自己实现不了，就让孩子来，把希望都寄托在孩子身上。

须知，父母将未实现的梦想强加到孩子身上，只会给孩子带来沉重的负担。孩子不是泥人，不能任你揉捏，顺其自然才是孩子自由发展的前提条件以及健康成长的关键。

A妈妈从小就喜欢钢琴，当时家里买不起钢琴，但这个愿望一直深藏在心里。A妈妈怀孕后，憧憬着自己的孩子可以成为钢琴家。于是，A妈妈从胎教阶段就让孩子听钢琴曲。胎儿似乎也很喜欢，每听到音乐就能安静下来。3岁之前，女儿一直都很喜欢听钢琴曲，还时不时地敲打电子琴。到了4岁，A妈妈就给女儿报了钢琴班，从此女孩就过起了苦练钢琴的单调生活。开始的时候，女儿还很感兴趣，但一段时间后就开始埋怨没时间玩耍，开始发脾气、闹情绪。

B妈妈是农村人，没上过大学，她总希望儿子将来能考上清华、北大，好扬眉吐气一番。因此，B妈妈常常陪儿子学习到很晚，还总跟他说："儿子，妈妈这辈子最大的遗憾就是没上过大学，你一定要争气，考上清华、北大啊。"

儿子听妈妈的话，拼命地学习。小学时他总能拿第一名，但上了初中，他的优势就不那么明显了。每次考试都跟第一名差几分，总也拿不到第一，因此十分沮丧。妈妈安慰他，说再努力一下，下次肯定能考第一名。结果到了期末，儿子还是没能如愿以偿。妈妈再次跟他说："下次一定能考好。"而这次儿子却竭力地怒吼道："我恨你！"

妈妈习惯于让孩子完成自己未竟的心愿，从根本上讲，这是一种自私心理在作祟，更是一种强烈的控制欲在作怪。

现代生活竞争压力巨大，很多人都想通过控制别人来找到安全感，很多人都想争取控制权，使整个世界都由自己掌控。但世界是无法由自己掌控的，很多妈妈便在孩子身上施展"控制术"。她们认为，孩子是自己生的，他们是自己生命的延续，应该由自己来控制。于是，他们就将孩子当成又一个自己，让孩子按照自己制定的方向"帮"自己实现梦想。可是，这种行为非常自私，只能让孩子无所适从。

妈妈们之所以会出现上面这种心理，多数是因为在他们的潜意识里就是这样想的，但无法看清，不敢面对。其实，只要勇敢地面对，承认自己自私，接下来的事情就好办多了。强制孩子完成自己未竟的心愿，不仅会剥夺孩子自主成长的空间，还会给他们带来不必要的心理负担。重者还会导致孩子迷失自我，行事只会察言观色，与妈妈相处也小心翼翼。

孩子也有自己的思想，他们不是妈妈实现梦想的工具，他们都有权选择自己喜欢的事情。试想，当我们给孩子强加一个愿望，孩子自己的愿望却实现不了，他们成为人父人母后难道就不会成了下一个你吗？

### ▲让孩子自由地追求自己的梦想

条条大路通罗马，成才之路也不只有一条。孩子不是泥捏的人，顺势而为，孩子才能自由发展。强迫孩子学他不喜欢的东西，孩子开始厌学后，我们就不要再逼迫孩子，之后孩子很可能会重新学起来。可见，顺势而为，让孩子自由地追求自己的梦想才是正道。

著名的科学家沃纳·冯·布劳恩从小就对天文知识和火箭很感兴趣，他的志向就是能够飞翔。为了实现自己的志向，布劳恩进行了各种各样的实验。尽管很多实验都没有取得成功，但布劳恩却尝到了"飞行"的滋味。

1925年在德国维尔西茨小镇上，13岁的布劳恩将6支特大的烟火绑在自己的滑板车上，点燃了导火线。烟火的爆炸声顿起，滑板车发疯似的飞了出去，少年也被重重地摔在地上。结果，巨大的爆炸声引来了警察，布劳恩被带到了警察局，受了一顿训斥。

布劳恩大学毕业后，考取了飞机驾照。接着，他进入佩内明德大型火箭实验基地担任技术部主任，开始领导火箭的研制工作。第二次世界大战后，布劳恩到美国研制火箭。在他领导下研制出了丘比特火箭，将美国的第一颗人造卫星送入了太空，"土星"系列火箭则成为登月的核心。

布劳恩成为世界著名的火箭专家，终于实现了从小飞翔的志向。

不管是谁，要想实现自己的梦想，就要为梦想付出努力。通往梦想之路都不是一帆风顺的，在这个过程中，困难、障碍、挫折总会伴随左右。而这个过程，也会真正考验一个人的意志，能否实现自己的梦想区别就在于此。妈妈们一定要鼓励孩子去实现自己的梦想。

### ▲成功者和天才都不是逼出来的

有些妈妈活了大半辈子，觉得毫无成就感，希望自己的孩子长大后能够出人头地，实现自己无法完成的梦想。结果在这样的期望下，诞生了一个个全能选手：会弹钢琴、会跳舞、会唱歌、会踢足球，智力竞赛第一名、班级优秀干部、全校三好生……孩子成了同龄人中的异类，心里只有对妈妈的怨恨。

当然，不排除一些天资聪颖的孩子，恰好可以达到这种"非人"的要求，但您能保证他不会留下"后遗症"吗？表面看上去出类拔萃，可是也落下了强迫型人格的病根，说好听了是完美主义者，事事力争第一；说不好听，就是重度强迫症患者。这样的孩子一旦遇到巨大挫折，受不了妈妈的高强度的压迫，很可能会一朝之间就崩溃，转眼就变成了忧郁症患者。

有一次，我到亲戚家串门，一进门就听到从屋里传出的小提琴声，我猜测一定是侄女在练琴。

我推门进去，一脸羡慕地凑到侄女跟前，说："曲子拉得不错，你的小提琴水平又提高了！"可是，她居然一脸沮丧地说："我根本不喜欢拉小提琴，都是我妈逼我的。她说她小时候就想当小提琴家，但家里没条件，只能将这个'重任'放到我身上。"

听了孩子的话，我突然很同情侄女。

现实中，类似侄女这样的孩子不在少数，社会学家们将其称之为"儿童战利品"。妈妈看到自己没有成为生活中的"成功者"，就对孩子提出了高标准，同时，自己却没法做到身教，最多只能言传。孩子都很聪明，在他们眼里，妈妈就是空头理论家，而非实干家。孩子把这种表里不一的表现看在眼里，但迫于妈妈的威严，不敢说穿。

当然，希望孩子成为全才没有错，但用逼迫的态度就不应该了。天才不是逼出来的。逼迫孩子学习，确实可以短时间内提高孩子的才能，但往往需要付出牺牲孩子心理健康的沉重代价。

如果真的希望孩子成为人中龙凤，就要从自身做起，自己的理想，要靠自己努力。妈妈们如果能以身作则，每天都在生活中做出表率，孩子也一定会模仿你，保持积极的人生态度，跟我们一起前进。信任孩子，就要多给他们一些爱护、鼓励和支持，帮助他们发掘出潜藏的灵性和才智。一旦孩子确立起自信以及健康的心性，就一定会茁壮成长。

## Chapter 4

# 发现孩子，让人生规划更加有迹可循

# 你的孩子也有优于他人的地方

古人云："世有伯乐，然后有千里马；千里马常有，而伯乐不常有。"每个孩子都是千里马，关键在于有无独具慧眼的伯乐；每个孩子都有自己独一无二的优势，关键看妈妈能不能把它勘探出来。"放错了地方，宝贝也会变成垃圾"，无视孩子的优势，只能将价值连城的金矿变成一无是处的垃圾。记住：每个孩子都是独一无二的存在。

馨馨第一次来我这里咨询，就一脸沮丧地说："老师，我都上初一了，但我觉得自己'一无是处'。你说，痴迷于小说，对人生规划有好处吗？"

我问她都喜欢看哪类小说，她满脸兴奋地说："我喜欢看刘若英写的书。"

我说："我看过刘若英主演的电视剧《新结婚时代》，对她的印象也比较深刻，她本人也像简介里描述的那样——算不上标准美女，既没有咖啡的精致摩登，也没有红酒的高贵典雅，就像一杯温暖的奶茶，自有一种温润的芬芳。凡是喜欢她的人，都会被她内在的韵味所吸引，愈品便愈迷恋。"

当馨馨听说我也喜欢刘若英时，瞬间像变了一个人，万分激动地对我说："老师，我觉得写作很有意思，我想将来成为一名作家。"

我点点头："很好啊，这个理想不错。"

"但是……"馨馨突然话锋一转，"我妈说当作家挣不了多少钱，还说文理分科时绝对不能选文科。我知道，以后要为生活考虑，也不想将来没饭吃……我喜欢看小说，没事时就上'榕树下''起点''新浪读书'等网站，如果我能在这些网站上做编辑多好。"她在说这句话时，眼睛里闪闪发光。

馨馨经过半个多小时的自我分析，对自己进行了深入探索和挖掘，并找到了能与现实社会职业体系接轨的方法。她从最初的一无是处，到后来的闪闪发光，依靠的正是自己心中的那一双慧眼，光芒就来自自己身上潜藏的金矿。

信息时代，每个孩子都是一座金矿。随着互联网的发展，电视、广播、图书、杂志等媒体资讯服务都更加成熟、发达，孩子们能轻松接触到海量信息，这数量是过去的几何倍数。便利、多样的信息环境，就为孩子们开启了一扇又一扇知识之窗，使他们可以自由遨游在更广阔的世界里，搜寻和发掘自己的兴趣，找到个人价值，这就是他们的金矿。

天才只是少数，大部分人的先天条件、天赋和智商都差不多。想想我们身边熟悉的人，大家一起走出校园，但十几年后，有人事业家庭双丰收，有人实现了理想、提升了人生价值，而有些人则碌碌无为、满腹牢骚，最终被社会竞争的洪流冲走。每个孩子都有超越他人的地方，发现孩子，就要了解孩子的优势。

### ▲教育的本质就是发现孩子的优势

金钱不是提高生活质量的唯一保障，权力也不是，知识和能力也不是，而是心态。心理学家统计显示，平均每人每天大约会出现五万个想法。用积极的心态对待它们，工作和生活就获得源源不断的能量和动力；用消极的态度对待，工作和生活就会在抱怨和沮丧中寸步难行。

人与人之间的差别，可以很小也可以很大，心态上的小差别决定了成败的大差别。每个孩子都是一座待开发的金矿，但这座金矿是否价值连城，还得看他们的心态。教育失误，会使孩子的优势难以发挥；没能发现孩子的优势，就是教育的失败。

小兔该上学了，妈妈把它送到动物学校。小兔最擅长跑步，所以它最喜欢上跑步课，几乎每次比赛都是第一名，小兔为此高兴不已。小兔最不喜欢上游泳课，因为它很怕水，不管怎么努力，成绩总是垫底，小兔感到很苦恼。

可是妈妈和老师不愿意看它放弃，于是联合起来鼓励它："既然你在跑步项目上很容易获得好成绩，就应该多练习游泳，这样才能全面发展。"于是，小兔认真地练习了一个学期的游泳，结果游泳成绩并没有提高，跑步成绩反而下降了。

通常，我们都会把这类现象作为反面教材，是违背教育规律的范例。可是在现实教育过程中，很多妈妈都生搬硬套，片面地认为精诚所至，金石为开；想着只要功夫深，铁杵必然磨成绣花针。如此，在教育孩子时，就会闹出类似寓言中的荒唐笑话。

所谓人本教育，就是发现孩子的优势。人有所长也必有所短，每个人都有自己独特的优势，但同样也都存在不足和劣势。只看到孩子的劣势，就会一味引导孩子努力克服缺点，弥补所有不足。结果，短处没有弥补上，反而将长处忽视了。

当然，我们不是说要对孩子的缺点和不足置之不理，但如果把全部的精力都放到克服缺点、弥补不足上，只能让孩子逐渐丧失自己的优势。何况，每个人身上大大小小的不足太多了，远比其长处要多，怎么可能处理得完。

### ▲发现孩子的优点，让孩子更自信

心理学家提醒我们：评判教育是否成功，最重要的标准就是孩子的优势是否得到最大限度的发挥。妈妈们要根据孩子的特点，搞清楚孩子是"兔子"还是"地鼠"，只有发挥出他们的优势，激发出他们的气魄和胆量，才能进一步开发其潜能，引导孩子向优势方向发展。

妈妈们要善于发现孩子的优点，让孩子在自信中成长。面对"坏"孩子，更要努力去找他们的闪光点，即使是沙里淘金，即使是微不足道，也要发自内心地去赞扬、鼓励和引导他。

　　小宁是个聪明且调皮的男孩，身上有数不清的"小问题"。一天，妈妈刚回家，就看到老公训斥小宁："没收拾好自己的物品，就跑出去玩。说你多少次了，怎么老是爱摆个烂摊子？"说到气头上，他又开始批评小宁的其他诸多错误，如粗心、脾气不好、贪吃等。

　　小宁满不在乎地嘟着嘴，满脸的不服气和不情愿。为了缓和僵局，妈妈若有所思地说："小宁身上确实存在很多缺点，他肯定知道那样做不对。每个人都有缺点的，可每个人身上也都有优点的啊。"

　　老公顿时明白了，定神后说："是啊，有缺点不要紧，只要改正就行。其实，我们小宁也有很多优点，比如：爱劳动、喜欢主动帮助他人等。"

　　妈妈接着说："还有呢，做事情很认真，很聪明。"

　　小宁本来以为妈妈也会批评自己，谁知竟然是夸奖他，被妈妈这样一夸，小宁也有些不好意思。最后，妈妈说："小宁有这么多优点，我感到很骄傲，如果能将自己的缺点变成优点，小宁一定会成为了不起的人。"

　　听了妈妈的一席话，小宁轻轻点点头。从此之后，小宁的很多坏毛病就慢慢改掉了。

　　孩子渴望被赏识，就像人需要阳光和氧气一样强烈。孩子认不清自己，需要靠妈妈的表扬来认识自我、增强自信。妈妈要善于发现孩子的优点，让孩子在自信中成长。要充分发挥赏识教育的积极作用，努力发现和放大孩子的优点、闪光点，引导他们改掉不良行为。

　　没能发现孩子的优势，不关注和研究孩子的特点，看错、教错了，无论孩子是否愿意学、适合不适合学，都强制孩子上各种所谓的兴趣班、特长班，即使倾注再多的热情和精力，对孩子的成长也没有好处。

　　要想发现孩子的优点，我们就要从下面做起：

1. 从缺点中找优点。有些孩子不听话，但他们身上可能蕴含着很强的独立意识；有些孩子贪玩，或许创新思维活跃；有些孩子倔强，也可能意志坚强。只要换个角度，就能发现孩子身上的很多闪光点。

2. 别把"人家的孩子"当标准。成功的关键是选择，成功的孩子多半是因为选择了适合自己发展的道路。每个孩子都是独一无二的，你的孩子也有独特之处，全部拿"别人的孩子"做标准，只能遮蔽了孩子独特的优点。

3. 教育不能随波逐流。有些妈妈喜欢跟风、攀比，自己的孩子很普通，却硬逼着他成为"精英""超人"，这怎么可能？妈妈们要转变思维，从实际出发发掘孩子的优点，发挥他的优势。另辟蹊径，也许孩子就会取得不俗的成绩。

## 你的孩子也是天才，也能成功

　　每个孩子都有一个超强的大脑，只要在恰当的时间段采取合适的教育方式，就可以将他们的才能激发出来。在0~10岁这个阶段，只要将孩子需要的东西送给他们，只要对他们有信心，就可以实现。不要羡慕别人孩子的聪明，因为你的孩子也是天才；不要说别人的教育方法很高明，因为你自己也是货真价实的教育家。妈妈一定要提高认识，相信孩子的能力，相信自己的孩子也是天才。

　　有个孩子非常厌学而且淘气，连续转了几所学校都被要求退学，绝望之际，妈妈来找教育专家咨询。

　　教育专家连续对孩子提出若干问题后，也觉得这个孩子"无可救药"，打算告诉这位妈妈，自己已经无能为力。但是，职业的习惯让这位教育专家不能当着孩子的面跟这位妈妈说出残酷的"事实"。他将孩子领到隔壁房间里，让他等一会儿。为了不让孩子感到无聊，他打开收音机，收音机里播放着音乐节目。

　　教育专家走出隔壁房间，透过窗户看里边的孩子在干什么。结果发现，那个孩子竟然在跟着音乐翩翩起舞。他立刻改变了主意，到另一个房间对孩子的妈妈说："也许您应该把孩子送到舞蹈学校去学跳舞。"

　　20年以后，这位曾经被很多学校认为"不可救药"的孩子，成为美国百老汇著名的音乐剧《猫》的编舞者。

有时候，我们所谓的教育，反而可能会坑害了那些有才华的孩子。如果没有那扇窗户和那双善于发现的眼睛，也许又葬送了一个天才。每个孩子都是天才，关键是我们能否激发他们的潜能，让他们变成真正的"天才"。

如果你的孩子一刻也停不下来，恭喜你，他是个天才。

如果你的孩子会把玩具、家具都拆掉，祝贺你，他可能也是个天才。

要知道，国画大师黄永玉小时候一直顽性难改，人称"黄逃学"；刘翔小时候太顽皮、好动，管不了，才被妈妈送到体校；流行乐先锋周杰伦，小时候不好好练琴，经常偷奸耍滑，被妈妈打。但看着他们如今的成就，不正符合我们对"天才"的定义吗？

加德纳曾提出多元智能理论，他认为，每个人都是一个个体，同时拥有相对独立的八种智能，但在生活中这八种智能却不是独立运作的，是相辅相成、有机结合的。正是不同方式、不同程度的组合，才让每个人都各具特色。

每个人都有成为天才的可能，这不仅是幻想。但要将其变成现实，就需要我们真正了解孩子的天赋，并给予尊重，帮助他们更好地平衡运用这些智能，充分发挥他们的特长。

作为妈妈，我们最大的责任，就是帮助孩子认识并开发自身的潜能。当孩子相信自己是"天才"时，他才会给自己树立更远大的理想，制定更高的目标，激发更充分的信心。如此，即使最终不会成为我们口中的"天才"，也会成为同龄人中的佼佼者。

▲肯定孩子的每一点进步

每个孩子都是天才。作为妈妈，一定要对孩子负责，不能过于放纵；同时，要充分信任孩子。有时，看似微不足道的信任，也许就能改变孩子的一生。要相信孩子。这种相信，不只是表现在孩子获得骄人成绩时，还有在你发现他有些方面表现不佳时。

抽象派大师毕加索，上小学时成绩很差，连最基本的字母都拼得乱七八糟。不仅每天不写作业，还在作业本上乱涂乱画，别提多让老师头疼了。在一般人看来，这绝对要被归入问题孩子的范畴。可是，他的妈妈却能发现他的独特之处，并帮他挖掘出了自己的长处。父亲是一位美术教师，妈妈就引导毕加索跟父亲学习，毕加索从小耳濡目染，也爱上了绘画，并终成一代大师。

相信孩子是天才，即使是一点一滴的细微进步，也能让他不断尝到成功的喜悦，并发现学习的快乐；再给予他适当的帮助，奇迹就会发生。但现实是"千里马常有，而伯乐不常有"。

很多妈妈都太"妄自菲薄"，总觉得自己的孩子不如别人家的孩子好，很少肯定和表扬孩子。给孩子报很多兴趣班，不顾孩子的感受，强迫他学一大堆东西，无非就是为了不让孩子落于人后。

须知，你给予孩子多少，他就会回报你多少。只要相信并鼓励孩子，他就会更加自信、自爱。赏识孩子，就要给他创造宽松、和谐的生长环境，培养良好的心智，把外在激励转化为自身的动力，引导孩子学会赏识自己、赏识他人。

台灯下，韬韬拿着笔愣了好一会儿，妈妈问他怎么了，韬韬低着头说："我不会画。"

妈妈鼓励他说："韬韬，要相信自己，不去尝试，怎么知道画不出来？妈妈相信，你会画得很好！"

韬韬鼓起勇气，小心翼翼地画起来。他越画越开心，很快就完成了自己的作品，还跑去自豪地拿给妈妈看，妈妈立刻奖给他一个"好棒"的大拇指。

从此，韬韬喜欢上了绘画，更重要的是，遇到困难的事，他也会自信地说："相信自己，我一定可以的。"

善于发现孩子身上的闪光点，并给予积极的鼓励和引导，星星之火也可以燎原。作为妈妈，我们一定要明白：在未来，每个孩子都有可能成为天才。除非脑部严重损伤，否则孩子出生后，就是一位蓄势待发的天才。

**▲认可潜能的多样性**

心理学研究指出：在 0~14 岁的孩子中，只有 1.07% 的儿童是真正的弱智儿童，而智力超常的儿童则占 0.03%。这说明，98.9% 的孩子在智力上不存在问题，关键在于他们的心态和兴趣。而且，即使是那 1.07% 的弱智儿童，只要给予适当的训练和鼓励，同样也会取得不同程度上的进步。

20 世纪最伟大的科学家之一——爱因斯坦，4 岁才会开口说话，而且含糊不清，人们都认为他"呆头呆脑"的。上学后，老师还说，他未来肯定不会有大成就。

然而，他的妈妈却不这样认为。妈妈不觉得自己的孩子笨，虽然别人都看不起爱因斯坦，她却没有指责和抱怨，而是想尽办法鼓励他。只要爱因斯坦进步一点，就会得到妈妈真诚而热烈的掌声。

渐渐地，爱因斯坦心中充满自信和希望，最终成为一位科学巨匠。

要造就天才，妈妈必须对自己的孩子充分信任。比如，孩子学跳舞，跳得不错，值得鼓励。如果哪里做得不好，千万不要当面指责。如果总是说"这儿动作不对""那儿姿势不美"，很容易打击孩子的自信心，甚至可能让孩子放弃跳舞。只要激发出孩子的自信，他就会跳得很好。

孩子的成长需要经历一个过程，就像学习跳舞，不同的人在同一阶段会跳出完全不同的水平来。主要就在于，自信的状态不同。潜能是具有多样性的，每个孩子都是天才。不管是妈妈还是孩子自己，都要重新审视对天才的定义。只有这样，才能造就真正的天才。

## 你的孩子心中也有美好的愿望

在每个孩子心中，都有一个美好的愿望，有的甚至还不止一个。可是，妈妈给出了怎样的反应？孩子的愿望是进入太空，有的妈妈却说"别做梦了，先赶紧把作业做完"；孩子希望盲人阿姨能够戴上一副眼镜就能看见，有些妈妈却说："你脑子长哪儿了。"……殊不知，这些心愿都是孩子梦想起飞的真正助力，只不过被妈妈忽略掉了而已。

央视曾播过这样一则公益广告：

小女孩高兴地捧着奖状等爸爸回来。突然，电话响了，她跑去问妈妈是不是爸爸的电话。妈妈说不是，女孩失望地回了屋。她听到楼下汽车的引擎声，又急忙跑到窗前寻找爸爸的身影，但她又一次失望了。

女孩抱着奖状快睡着时，开门声把她惊醒了，她兴冲冲地跑出来，以为这次一定是爸爸，但她的愿望再一次落空。这时，屏幕上出现一行字："有时间多陪陪孩子。"

为了得到爸爸的肯定，小女孩想给他看看奖状，一直忍着不睡觉。听到电话响、停车声音时的那种兴奋，使她的目光比星星还要美；结果，愿望一再落空，只留下失落的眼泪、伤心的脚步，以及睡梦中的一声声"爸爸"……

小女孩只不过是希望能把自己的成绩亲口告诉爸爸，和爸爸分享自己的喜悦，渴望得到爸爸的夸奖，这种简单的愿望竟成了一种奢望。或许她还打算借此告诉爸爸，自己有个更大的梦想……

亚里士多德曾说："没有一个灵魂不在思索中勾画未来。"美国励志大师拿破仑·希尔也说："珍视你的理想和梦想，因为它们是你的灵魂之子，你最终成就的蓝图。"就如广告中表现的那样，很多妈妈虽然能够让孩子衣食无忧，但却严重忽视了孩子的梦想和心愿。而这恰恰是个人价值、个人灵魂的最好体现。

每个孩子都有自己的梦想，要想激发孩子的动机，就要从他们的梦想出发。

▲让孩子说出自己的心愿

每个孩子都心存向往，何不让孩子说出自己的梦想，为之设定目标，让他有所追求。作为妈妈，我们要让孩子在心中燃起一把火，为行为提供动力，因为这是设计人生最重要的第一步。

高燕定是著名的"哈佛爸爸"，定居美国3年后的一个暑假，他带着妻女和好友一家，驾车北上，开启了一场有史以来最长的旅行。途经华盛顿、费城、纽约、蒙特利尔、渥太华、多伦多等美国和加拿大的十几座城市。共行驶6千多千米，历时3个多星期。

启程时，大家都异常兴奋，一路欢声笑语，沿途领略了美国、加拿大各处旖旎的风光。不过，高燕定此行的目的在于哈佛，想带着女儿去这所常春藤大学"朝圣"，在她心里树丰碑、立壮志。

他常对女儿说："全世界最好的大学就是哈佛，你要上这所学校。""你要努力学习，以后考上哈佛。""我一定会陪你上哈佛，你一定要上哈佛。"……他不停地变着花样，反复在女儿耳边讲，总之就是要让她上哈佛。女儿将"上哈佛"当成了自己的愿望。自从树立了这个梦想，女儿就开始向着自己的"哈佛梦"努力前行了。

每个孩子心里都有一个属于自己的美好愿望。凭借着这个愿望，才能产生明确的方向。我们要以合理的方式，把孩子心底的那个美好愿望激发出来，教他们运用科学合理、合乎社会规范的方法去拼搏、去奋斗，努力实现自己的愿望。

**▲让孩子将真实的自己展示出来**

诗人雨果说："世上有一种东西比所有军队都强大，那就是一种恰逢其时的理想。"在每个孩子心里，都有一颗叫作愿望的种子，他们会用想象力来浇灌，使其生根发芽，编织出一个又一个愿望。也许，你会觉得他们不知天高地厚，只知天马行空。但是，面对孩子的愿望，我们更应该给予积极的鼓励，巧妙地启发他心中的愿望并帮助他们实现。

现实中有很多孩子，即使心中有愿望，也从来不敢跟妈妈谈起。比如：

一位初二男生未来想要建造一座"节能之城"；

一位高一女生畅想未来能成为一家跨国品牌服装企业的 CEO；

一位高三男生励志超过于丹、易中天，要成为新一代的文化大师；

……

孩子不曾向妈妈详谈过自己的梦想，这并非个案，而是切切实实存在于现实生活中的现象。孩子们拒绝同妈妈交心，把真实的自己遮盖起来，因为他们知道，向妈妈提及这些于事无补，不仅不可依靠，还容易受到打击。而从妈妈的角度上讲，也就失去了帮助孩子解决问题的宝贵机会。

孩子的价值观就隐藏在梦想和心愿背后，青少年时期正是价值观逐渐形成和趋于稳定的时期，如果能在倾听之后给予肯定和鼓励，让孩子在自我探索中不断认识自己，孩子定然能够健康成长。因此，在引导和教育孩子之前，一定要激发他们内心最重要的渴望。如此，不但能让愿望之种开出鲜花，还能释放出巨大能量，激发出孩子的无限潜能，推动他们努力成长、进步。

# 你的孩子也想通过努力不断进步

进步是每个人的愿望。安于现状的人毕竟很少，大多数人都有着一定进取心的。他们希望自己每天都有进步、都有收获、希望取得成绩，孩子们同样如此，甘于落后的孩子少之又少。在引导孩子实现人生规划的路途中，妈妈要从孩子的进取心出发，鼓励孩子每天进步一点点。

期末考试，达达没考进班级前二十，而同桌却考了第一名。

达达回到家，问妈妈："妈妈，难道我比其他人都笨吗？我每天都认真听讲，也认真地做作业，和同桌一样认真听老师讲课。可是，为什么她考了第一，而我都没进前二十呢？"

妈妈轻抚儿子的头，温柔地说："你现在已经进步很多了，今后会越来越好的。"

第二学期的期末，达达终于考进了前二十，可同桌还是第一名。达达又想不通了，于是又跑去问妈妈。妈妈对他说："太好了，你又进步了不少，今后会越来越好的。"

直到小学毕业，达达的成绩还是没有同桌的好，但他一直在稳步提高，已经进入前十名了。

放暑假时，达达和妈妈到海边游玩。他们坐在海滩上，看着一群海鸟在争食。达达忽然发现，体型较小的鸟能很快就起飞；而体型较大的鸟，就显得笨笨的，起飞得很慢。这时，妈妈对达达说："儿子你看，海鸥虽然比其他的鸟起飞慢，但是它却能飞越整个海洋……"

达达上初中以后，成绩逐渐追上了其他同学。

到了高中，他终于成了全校第一，最后以优异的成绩考入了北京大学。

这个故事很值得寻味。善于发现并肯定孩子的进步，不仅会大大提升孩子学习和做事的效果，更会让他们形成积极的心态。

很多孩子对某门课程的喜爱，多数时候是因为有人主动了解他们的学习情况，并对他们的进步给予了肯定。比如，有些孩子说："我最喜欢上音乐课，因为妈妈说我唱得好听。"也有的说："我最喜欢数学课，因为我每次做对题，妈妈都会表扬我。"不理会孩子的进步，不听、不看、不给予积极的评价，必然会打击孩子的学习积极性。

孩子如果注定无法长成参天大树，做一棵小草同样也能为春天带来美丽；孩子如果注定不能成为浩瀚汪洋，做一朵浪花也能享受跳动的喜悦；孩子如果注定不能成为名人，做一个诚实勇敢、正直善良的普通人，也能让你倍感骄傲……只要孩子是对社会有用的人，就实现了他的人生价值。

在生活和学习中，即使孩子取得很小的进步，也要记得对他说："孩子，你比以前进步了，只要继续努力，未来会越来越好。"如果孩子做事没什么成效，千万不要用指责的话语来打击孩子，应该对他说："你每天都在进步啊，别气馁，会好起来的。"

### ▲引导孩子提高自主学习意识

在辅导孩子学习时，遇到孩子一时不会做的题，就着急地告诉他答案，这种做法会使孩子没法独立思考，从而过分依赖他人。在未来的日子里，如果他再碰到难题时，就会坐等旁人帮他解决问题。因此，不能让孩子产生这样的依赖心理。

独立自主，是实现自主学习的必备素质，只有让孩子具备了这样的素质，才有利于今后的学习。

小学时，女儿的成绩非常好。妈妈对女儿特别用心，为了让女儿更优秀，妈妈就给她报了各种补习班，并且每天接送她。晚上回家后，妈妈不但会陪在孩子身边辅导作业，还会督促孩子把第二天的用品全部整理好，所以女儿的成绩非常好，作业每次都能很好地完成。

上了初中后，女儿开始住校，结果成绩急剧下降。为了督促孩子学习，妈妈将女儿接回家，想利用在家里的时间，引导孩子将成绩提上去。可是，事与愿违，女儿的成绩虽然稍微有了起色，却没有回到从前的样子。

为了解决女儿的问题，妈妈跟老师做了沟通。老师说孩子学习不主动，找不到学习的乐趣；不会主动做作业，每天都会有做不完的作业，更不会主动进行预习或复习。

看到女儿成绩不好，妈妈没有训斥女儿，但态度也不太好。妈妈问女儿："为什么又考成这样？你就不能用用功？"

女儿看了妈妈一眼，说："下次努力。"可是，接下来的两次月考成绩依然一样。

妈妈感到很焦虑、很着急："孩子为什么没有学习动力？讲了这么多的道理为什么就没有效果？"

看完这个案例，您有没有同感？您的孩子是否也存在这样的问题？妈妈都盼望孩子可以主动求知，不用自己天天督促，可是多数孩子都不具备自主学习的意识，需要被督促，才会主动学习。为此，妈妈应放弃监督，培养他们养成自主学习的习惯。要引导孩子在学习上不过于依赖任何人，即使没人督促，也能自主学习。

社会最需要能够独立思考的人，妈妈只有大胆放手，鼓励孩子自己面对生活和学习，把选择权留给他们，促使其积极地自主决定，才能不断培养孩子独立自主的意识。此外，还应着重培养孩子的自信心、自律性、主动性和责任感，这些都是提高自主学习能力的必要条件。因此，一定要让孩子学会如何支配学习时间，自主完成有关课程的预习、听课、作业和复习。

**▲用赏识的态度激励孩子主动学习**

在孩子的学习成长中，妈妈要给予及时的引导，"不管"不是说放任孩子自由散漫，而是要摒弃事无巨细的管教方式，改用有目的、有成效的管理方式。这才是科学的家庭教育方式。只要确立了学习目标，在学习中学会吃苦和坚持，再加上培养出自主学习能力，掌握所需的技能，就能更好地在妈妈的引导下自主学习，这才是妈妈应该掌握的成功教育的秘诀。

小城10岁，在北京一所小学读三年级。她性格文静内向，不爱说话，不合群，上课注意力不集中；写作业时不认真，总是边做边玩，即使是一道简单的数学题，有时也要拖上好半天，经常胡写乱画，应付了事。如果妈妈在一旁督促，她还能较快地完成，离开了监督，又会恢复到原状。观察了女儿几天，妈妈发现，小城学习成绩差的主要原因不是智力低下，而是没有养成良好的学习习惯，学习不主动。

意识到问题的严重性，妈妈减少了自己的工作量，从日常生活中做起，鼓励孩子主动学习；如果孩子做到了，她就积极鼓励。经过一段时间的训练，小城学习的主动性大大提高。

在平时做作业的时候，妈妈更加关注她，一旦发现了点滴进步，都会赞赏有加。学习一塌糊涂的小城已经成为历史，如今，她的成绩突飞猛进，同学们也对她刮目相看。

孩子具备自主学习的能力，不但可以顺利走上成才之路，还能减轻妈妈的负担，这不是两全其美吗？成功的学习体验，对于孩子来说极其重要。只有体验到成功带来的愉悦感，孩子们才会为了寻求这种愉悦感而不断探索新知。所以，作为妈妈，我们要找机会多对孩子鼓励和肯定，让他们体验到自主学习的快乐。比如，孩子自己完成了预习、做作业、复习后，要及时夸奖和鼓励他，对他的行为给予积极地肯定；同时，要赏识他的每一点进步。这样，孩子就会在你的赞赏中积极主动地学习。

# 你的孩子也想身心健康地成长

有哪个孩子希望自己整天生病？有哪个孩子希望自己浑身都是缺点？没有，或者很少。健康是孩子成长的基本需求。他们不仅希望自己的身体是健康的，更希望自己的思想是健康的、性格是健康的、心灵是健康的。基于此，为了引导孩子实现自己的人生规划，就要对孩子进行积极的引导，提高孩子的综合素质。

有一天，母鸡带着一群小鸡到外面的草地上玩。它们经过一个大水塘旁边时，看到一群小鸭子在欢快地游泳，母鸡说："孩子们，下去跟它们玩吧。"小鸡们直往后退："妈妈，我们不会游泳啊。"

母鸡嫌弃地说："你们怎么这么笨，人家个头比你们小都能游，你们怎么就不会游？我辛苦了这么多天才把你们孵出来，没想到你们连水都不敢下，养你们有什么用？"

小鸡们很委屈。虽然它们很想问妈妈会不会游泳，可不可以教它们，可是又不敢开口，害怕妈妈大发雷霆，说不定还会扑打着翅膀，跑来啄它们。

看了这个故事，我们应该明白，孩子身上的很多问题，其实都是我们自己的问题。因此，要真正培养孩子，就要跟他们一起成长。不然就会像故事里的那只母鸡一样，光想着自己的孩子跟别人一样，却忽视了自己会不会游泳。

人生下来时就是一张白纸，在上面画什么，就会长成什么样子。给孩子的生命里灌注关爱、尊重、感恩、梦想……他们就会活得有尊严，更懂得理解妈妈的辛苦。

作为妈妈，我们都希望孩子能健康成长，孩子自然也是这样想的。没有哪个妈妈不希望自己的孩子能更快乐、更健康、更优秀地成长，也没有哪个孩子不希望自己成为大人眼中的好孩子，没有哪个孩子是从小就希望自己被妈妈、老师、同龄人嫌弃的。

我国著名教育家陈鹤琴先生曾说："孩子的一举一动一方面受遗传的影响，一方面受环境约束、教育支配。"因此，妈妈首先应该做的就是提升个人素质，为孩子的健康成长助力。

### ▲培养孩子高尚的品德

高尚的品德，多数时候体现在妈妈的为人处事、待人接物等生活细节中。很多妈妈注重大节，却忽视了小节。其实，这些细节才是熏陶孩子最好的方式。所以，妈妈要在这些细节中自然地表现出高尚的品德修养，更好地影响孩子。

有个初中生偷偷地学抽烟，妈妈发现后，异常生气。但当她批评孩子时，儿子却顶嘴说："你不是也抽吗？我爸不是一直不让你抽吗？"

这位妈妈无话可说，但冷静地思考起来。后来的一天，她把儿子叫到身边，说："我抽了四五年的烟，一时戒不了，但我决心戒，从今天起，我每天比过去少抽一半，一个月后，我坚绝不再抽烟了。"一个月后，妈妈果然把烟戒掉了。儿子从妈妈身上感受到一种自我克制的力量，之后这种力量也变成了指导他生活学习的一个准则。

这个小故事告诉我们，孩子最善于模仿，初中生更是喜欢学大人样。妈妈满口污言秽语，孩子就会跟着学；妈妈用棍棒迫使孩子就范，孩子也就会用打骂回敬弟妹或同学。因此，想要孩子做到的事情，妈妈首先应该做到。

做妈妈的，自己成天打麻将、吸烟，却对孩子说："你年龄还小，不要学妈妈，等你长大了，自己挣钱了，尽管去玩牌、吸烟，妈妈绝对不管。"这样教育孩子，非但无效，反而会适得其反。

### ▲提高孩子的内在涵养

一次，我坐公交车出去办事。到了车站后，上来很多人，一个拄着拐杖的老爷爷正想在座位坐下，突然，一个小男孩冲出来，一屁股坐在座位上。老爷爷看这孩子三四岁的样子，没说话，让小孩子坐，周围的人给老爷爷让了座。

这时，男孩的妈妈从后边赶上来。男孩起来，妈妈抱着孩子心满意足地坐下来，对孩子一片称誉："还是你聪明。"

男孩像赢了大奖似的，开心地笑起来。

涵养是一种发之于内、显之于外的修养，体现在人的言谈举止之中。提升孩子的综合素质，首先就要提高孩子的内在涵养。那么，怎样才叫有涵养呢？

1. 谈吐有节。谈吐怎样才算有节呢？最基本的就是认真倾听，不随便打断别人说话，听别人讲完后再发表自己的意见；不能心不在焉，不能抢着说话；在倾听和发表自己的意见时，要面带微笑，看着别人的眼睛。

2. 态度随和。态度是一个人的基本精神面貌，好的态度就是一身和气。和气的人，一般都会心里装着别人，与人为善。只有深富涵养的人，才能时时处处、举手投足间都散发出一种和气来。

3. 语气中肯。反映的是与人交谈时心有诚意。只有真诚地与人交谈，才是一种交朋友的态度。具体说来，就是心平气和、以理服人，不要声调太高，不要带有情绪。

4. 不骄傲。太过骄傲，与他人交往时，就容易表现自己的优越感，或者取笑别人的缺陷、践踏别人的尊严，而惹人厌恶。有涵养的人，绝不会如此。

5.宽容大度。大度，就是博大、宽容，对自己是"海纳百川，有容乃大"，对别人是"宰相肚里能撑船"。这是一种气量，也是一种雅量。在学习和生活中有很多的矛盾和不如意，大度容之，一笑置之，就是最有魅力的涵养。

## Chapter 5

# 了解孩子，陪孩子一起来规划人生

## 问问孩子，他最喜欢做什么

通常，对于自己喜欢做的事，孩子会付出十二分的热情，反之则打不起精神。因此，要想了解孩子，首先就要问问孩子，他究竟喜欢什么？如果孩子喜欢弹钢琴，就可以在钢琴方面为孩子做规划；如果孩子喜欢下围棋，就可以在围棋方面为孩子做规划。反之，如果孩子不喜欢弹钢琴，却要让孩子长大后当个钢琴家；孩子本来不喜欢围棋，而你却让孩子学围棋，甚至还希望孩子在围棋上取得成绩，就有些异想天开了。

2015年2月12日《重庆晚报》上刊登了这样一则新闻：

原南华大学学生小崔，因填报志愿时选择了不感兴趣的专业，中途退学，还被骗走了2200元钱。事情是这样的：小崔当年的高考分数只高出一本线一点点，因此，他认为上一本的可能性不大，于是随便填报了一个南华大学；选专业时，随机选了一个机械类专业。可没想到，自己真的被录取了。

没办法，小崔只好去上大学，但他很快就发现，自己对机械类课程一点兴趣都没有，根本无法认真学下去，于是，第一学期他就开始逃课。好不容易熬到了第二学期，期末成绩也是科科都挂，打算申请退学。这时，他在网上看到一则消息：拿钱就能转学至重庆大学。小崔想也没想立刻给对方汇去2200元钱，结果被骗。当他明白过来后，骗子早已不见踪影。

小崔的故事值得我们警醒。不管是孩子的学习或工作，都需要兴趣来助力。

目前，我国的整体教育模式依然带有一定的功利性，比如：幼儿阶段的特长培训，小学阶段的兴趣培训，中学阶段的课外辅导班等。在为孩子选择时，很少有妈妈会了解孩子内心的真实兴趣，通常都是为了能给孩子多加几分，或者比别人多些特长，甚者只是为了"赶时髦"。

做自己感兴趣的事，孩子会由衷地感到快乐，也会更愿意做事或学习，这在心理学上叫内驱力。当孩子发自内心地想要做某一件事情时，就会从中获得快乐和幸福的体验，并将之当作继续努力的动力。

### ▲多给孩子尝试的机会，多观察他的表现

尝试，是让孩子了解自己的必要途径。每个孩子的潜能都是巨大的，不去尝试，根本就无法知道自己究竟有多大的能力；很多孩子根本就不知道自己究竟喜欢什么，只有通过不断的尝试才能发现。在孩子成长的过程中，妈妈的作用就是多为孩子提供尝试的机会，观察他们的表现，继而找到他们真正喜欢做的事。

小学二年级的桃桃一直都想养只泰迪犬，央求了妈妈几次，最终妈妈看泰迪犬确实可爱，便答应了她的要求，但前提是泰迪犬由桃桃照顾。

开始的那几天，桃桃每天都会按时给狗喂食、洗澡、处理粪便，忙得不亦乐乎，但两个星期之后，她就开始嫌照顾狗麻烦，说狗难养，不搭理狗狗了。妈妈说："你才难养呢！说的话一点都不算数，做什么事都是三分钟热度。"

桃桃娇嗔起来："我哪知道养狗这么费事呀？"看着她可怜兮兮的样子，妈妈心里虽有怨言，但也不好再责怪她。因为她也没时间照管，只好将狗低价出售。

几天后，桃桃放寒假，美滋滋地制作了一张作息时间表。客厅贴一张，书房贴一张，将起床、做作业、休息等时间都做了规划，她还眉飞色舞地告诉妈

妈："你用手机拍一张吧，如果我不按照这张时间表做，你就提醒我。"妈妈照办。第一天，桃桃严格按照作息时间表一条一条对着来，日子充实而快乐，妈妈为她的懂事感到高兴。

第二天早上，桃桃醒来对妈妈说："妈，我上完洗手间就起床做作业。"妈妈心里一阵窃喜，平时喊都喊不起来，这次主动起床，而且去做作业，确实可赞可嘉。正当妈妈高兴得想笑出声时，桃桃却钻进被窝，说："还是被窝舒服。"

妈妈说："不是起床做作业吗？你不是要严格按照作息时间表来吗？"桃桃斩钉截铁地回答："妈，天气实在太冷了，下雪了。这几天，不能按照作息时间表。"妈妈有些哭笑不得。

接下来几天，桃桃都没有按作息时间表来要求自己，玩得很嗨。再问起，她不好意思地回答："啊，下次吧，等暑假时，我就按照作息时间表来。"

其实，大人都免不了"三分钟热度"，何况还是未长大的孩子？孩子都喜欢新鲜事物，支持他们的好奇心，鼓励他们接触新事物、体验新生活，更要尊重和理解他们的"三分钟热度"，给孩子尝试的机会，这也是妈妈对孩子们最好的爱。

在不同的年龄段，会有不同的兴趣，其特点和表现形式也不尽相同。孩子的好奇心一般都比较重，对很多事情都充满兴趣，只不过都比较浅显、短暂，注意力会很快转移罢了。妈妈不要急着下结论，要多给孩子尝试的机会，多观察他们的表现。

看到孩子喜欢画画，就给他早早地报了画画班。可是，看到孩子对这些没了兴趣，又忍不住气急败坏，责备孩子怎么这样没常性，强迫孩子继续学习。殊不知，这样做只会让孩子陷入苦闷的童年之中，到头来对所有的事情都失去了兴趣。

### ▲引导孩子将兴趣变成爱好或特长

到了小学阶段，孩子的兴趣才开始定型。妈妈要把他的兴趣和所学结合起来，引导孩子将兴趣变成爱好或特长，再指导孩子规划人生。比如，孩子喜欢音乐，可以先培养他的鉴赏能力；他对绘画感兴趣，可以先让他具备审美意识。关键在于，要让孩子明白，兴趣可以变成自己的一技之长，如果愿意为此付出心血和努力，终有一天会取得成绩。此后，不断地给孩子鼓励，让孩子坚持自己的兴趣，孩子就会受益终生。

对孩子来讲，拥有兴趣，就能自由主导人生。想给孩子的未来一个合理、美好的人生规划，就必须重视孩子的兴趣。在给孩子制定人生规划之前，一定要让孩子说说自己喜欢做什么。等孩子明确自己的兴趣后，再结合实际，帮助他规划人生。

瑶瑶在一所知名小学上学，学校不但教学环境宜人，配套设施先进，而且老师的教育理念也先进，不会给学生留太多的课业负担。瑶瑶的成绩一直都很优秀，学习压力也不大，可是有一天，她忽然问妈妈："为什么我非要上学？"

听了女儿的话，妈妈感到惊诧不已，看着满脸天真无邪的女儿，不知道她为何会提出这样的问题。她一时不知如何回答女儿，便随口说道："你这么小，想做什么？能做什么？"

家里人都是读书人，本科生、研究生，没想到女儿竟然会质疑读书求学这条路？妈妈沮丧了好一阵。仔细思考之后发现，女儿之所以会产生厌学感，除了社会、学校教育体制等的影响，家庭教育投入太多也是重要原因。

瑶瑶从上幼儿园开始，就参加很多辅导班，数学、画画、钢琴、舞蹈、围棋、书法、游泳等，可是，除了数学，其他都是没学两天就坚持不住了。瑶瑶3岁那年，妈妈给她报了民族舞蹈。刚进教室时，瑶瑶兴奋不已，在舞蹈室里前仰后翻地折腾了半天，老师的训练口令一概不听。最后，老师觉得没法教，劝她把瑶瑶领了回去。后来，瑶瑶又去学钢琴，但每到上课前她都烦躁不安，总会找茬儿表达自己的不满。如今，上万元的钢琴成了家里的摆设。有人听说瑶瑶学过围棋，想跟她对弈消遣一下，可是她却说："我不会！"然而，每当瑶瑶暑假回老家度假时，却显得十分高兴。因为每到这时，她都能尽情地玩耍，可以自由支配时间，再也不用去上那讨厌的辅导班了。

在我们身边，很多妈妈都是这样。没看清孩子的兴趣所在，就急急忙忙把孩子送进了特长班；对孩子不观察、不了解、不思考，仅随着社会潮流一起向前。忙活了好多年，缴纳了不少学费，可到头来孩子依然一无所获、一事无成，"让孩子多见世面"也成了妈妈一厢情愿的美好期盼。

在中国，给孩子报一大堆兴趣班已经成为常态，从写作到技能，从艺术到体育，几乎无所不包。在西方，妈妈则会根据孩子的成长阶段，鼓励孩子学习不同的课程，让他们通过自己的体验，发现并选择自己最喜欢的。不同的孩子性情千差万别，兴趣更是各不相同，因此培养孩子特长，一定要从兴趣出发；趋之若鹜、盲目跟风，只能起到反作用，引发孩子的对抗和逆反，不利于孩子将来接受正规的学校教育。

孩子是先有兴趣，再激发出学习知识的动力。没有兴趣，就先去发现兴趣，之后再学习知识也不迟。

每个孩子都在某一领域具有个人优势，这一点，科学都已经印证过。让孩子从事他所擅长的，效果往往会事半功倍，也更容易做出成就，从而产生自信心和成就感。所以，在给孩子规划人生时，首先应充分尊重孩子的兴趣，引导孩子搞清楚自己喜欢做什么。毕竟，世界上的职业没有高低贵贱之分，关键看你如何看待它们。

## 问问自己，他最擅长做什么

近几年大家都在喊"素质教育"，可真正了解其内涵的却少有人在，似乎只要上了兴趣班就完成了素质教育。其实，孩子最终要面对的是社会，需要学会如何待人接物、如何为人处世、如何谋生、如何融入社会，这才是"素质教育"的主要内容，也是孩子今后生存、发展的基本素质。由此，妈妈在为孩子设计人生时，就要从孩子的特长出发。同时也要问问，孩子究竟擅长做什么？

一位母亲在谈到给自己的孩子做人生规划时，这样说：

"我对儿子的评价是，智商中等偏上，常犯的毛病是粗心。虽然不能放松学习，但我深知，让孩子在学业上发展，他也只能是个普通的孩子，我决定采取扬长补短、以点带面的发展策略。在潜移默化中，我逐渐将自己对他的人生规划转变成他自己的人生规划。

儿子从小就展现出了对水的喜欢和游泳的天赋，大概半岁后，我就有意识地让他与水亲近，还给他买了一个很大的浴盆。1岁半时，他就能在小浴池里游得像模像样了，而且只要一游起来，他就不想离开。在之后的日子里，我带着他一边玩一边学，很快就教会了他四种泳姿。后来，我把游泳经历都告诉了他，让他逐渐建立了对自我优势的信心，并引导他自觉自愿地把游泳当成爱好。

儿子7岁时，在我大学同学的推荐下，进入当地一个知名的游泳长训班接受正规训练。在当年 10 月份的测试中，取得了同年龄段的第三名。后来，在不懈努力下，他的游泳成绩又进了一大步，水平已经接近专业级别的选手了，并被省游泳队的教练相中，把他带到了更专业的训练基地。

儿子的动力更足了，我让他给自己定下目标：成为游泳队的第一名，成为像孙杨一样的奥运会冠军。每次别人问他游泳训练累不累时，他都愉快地说'不累，因为我喜欢游泳'。怎么可能不累？省游泳队的训练量都不是校游泳队能比的，可是，因为他有兴趣、有成就感，所以就不会喊苦、怕累。坚持训练，反而培养了他强大的自信心——坚定自己能行。

为了不让孩子落下学习，我经常鼓励他'你游泳已经很棒了，学习上再下点功夫，肯定会更棒'。"

不可否认，这位妈妈是明智的。她用自己的育儿经历告诉我们：要引导孩子做出正确的人生规划，首先要培养孩子的特长。

每个孩子都是世界上唯一的存在，都有各自的优势和特长。把一个擅长踢球的孩子，按到画板跟前画画，或是让一个热爱文学的孩子，整天跟数字几何打交道，只会让孩子激烈反抗。

因此，作为妈妈，要在规划孩子的人生前，问自己：孩子最擅长什么？同时也要让孩子明白自己有哪些优势。尤其是面对"差等生"，该如何发现他们的特长呢？一要关注，二要寻找。

所谓的差等生，也仅仅是应试水平比较差，但这不代表他的感性思维能力就很弱，说不定他在音乐、绘画、艺术等领域会有所作为呢？如果自己没有这方面的眼力，可以请有关人士来一探究竟，也许一位艺术学院的老师，一眼就能看出他的天赋，从而引导孩子走上一个大平台。

### ▲从小细节入手，发现孩子擅长什么

俗话说，细微之处见真知。既然想了解孩子擅长的方面，就要多留心观察孩子的生活细节，从小问题入手，顺藤摸瓜。当发现孩子将更多的注意力集中

在某件事情上的时候，也就能够知道他真正擅长什么了。

有一阵，父亲发现自己 4 岁大的儿子，忽然对电视里的《海洋世界》节目十分感兴趣，常常找这类节目来看，之前孩子从没注意过这类节目。

虽然这只是生活中的一个插曲，但是父亲却没有忽视。他买来很多有关海洋动物的画册和光盘，试着让孩子接触；周末，还会带他参观海洋馆；假期还会带他到海边去看真实的海洋动物，跟它们近距离接触。

孩子表现出了极大的兴趣，吸收知识的速度很快，能比同龄人更快地掌握这些知识。而对于英语、画画、书法等活动，却总是心不在焉，学不进去。

案例中的父亲从一个很小的细节入手，发现了孩子的真正兴趣，并及时给予正确的引导，达到了事半功倍的效果，事实证明这种做法确实有效。

孩子的日常表现可能会透露出孩子自身的很多过人之处，如果妈妈比较粗心，就容易忽略这些表现，孩子也就无法获得长远的发展了。

表现一：喜欢命令别人。有些孩子擅长重新排列物品，喜欢在同学中间发号施令，能够有条不紊地组织学生做事，这说明孩子可能具有强有力的领导才能和组织才能。

表现二：会攒零用钱。有些孩子能够将平时的零用钱积攒起来，留到假期支配，长大后很可能会成为理财专家。

表现三：喜欢问问题。有些孩子对任何事物都充满好奇，总是不厌其烦地问问题。重视孩子的这种特质，孩子很可能会成为记者或科学家。

表现四：喜欢设计模型。有些孩子只要一个人待着，就喜欢用积木搭出各种高楼大厦的建筑模型，这就是设计才能。

表现五：喜欢讲述故事。有的孩子喜欢讲故事、写故事，想象力丰富。一旦发现孩子有这种表现，一定要好好培养。

表现六：喜欢与人聊天。有的孩子善于与他人交谈。这种行为说明他们擅长表达、思维灵活，正确培养可能会成为律师或电视主播。

### ▲鼓励孩子尝试，发现孩子的优势

在给孩子规划人生之前，应该多给孩子创造尝试的机会，认真观察孩子在各种活动中的表现，发现他们的潜力和才能。孩子最具优势的才能，往往都存在于他最感兴趣、最专注、最擅长的领域。因此，我们要为孩子创造条件，并鼓励他们把兴趣持续下去。

如今，很多早教中心都会设置一些课程，了解孩子对哪些方面感兴趣，通过形式多样的游戏来观察孩子的特长在哪里、喜欢什么、擅长什么；然后，专业的老师会给妈妈一些建议，针对孩子的这些方面让妈妈有意识地去培养。通过观察，就可以了解孩子的性格趋向或特长所在。

了解到这种情况后，王女士便去了早教中心，找到了孩子的潜能。之后经过不断地引导，孩子的潜能被激发出来，成绩优秀、个性活泼，深受人们的喜爱。

每个孩子都有潜能，但这是需要我们去发现的。发现不了，孩子的潜能就可能被埋没了。什么叫潜能呢？就是在某方面具有特殊的才能和素质。与其羡慕别人家的孩子如何厉害，不如多花时间好好地观察一下自己的孩子在哪些方面有特长。进行适当的培养，说不定你的孩子也是人中龙凤。

1. 努力挖掘孩子对某项爱好的感觉。不管是对自己感兴趣的事情，还是不感兴趣的东西，孩子通常都维持得比较短。发现孩子对自己当初十分喜欢的某项活动兴趣正一点点减弱，就要努力激发出他们继续学习的兴趣。例如，某段时间孩子喜欢唱歌跳舞，于是给孩子报了音乐课。老师从基本的乐谱开始，字正腔圆地引导孩子学唱歌，结果孩子越学越没劲。最好的方法是让孩子多做一些音乐游戏，多感受和体会音乐的节奏和韵律，提高他们对音乐的喜爱程度。

2. 正确认识和转化孩子的潜能。很多妈妈都容易将孩子的爱好和潜能弄混，其实爱好是一个大范畴，潜能则是小范畴。孩子喜欢看动画片、喜欢打打闹闹，都只是爱好，感性多一些。这时，有的家长会说，是不是我家孩子只有爱好没有潜能呢？其实，很多时候，都可以将爱好转化成潜能，比如：孩子喜欢看动画片，看完动画片后，可以问问孩子"这集主要讲了什么故事？"引导孩子总结归纳、口头表达能力的潜能。同时，也可以让孩子大胆地预测下一集可能会出现的故事情节。

每个孩子都具有潜能，但这个潜能并不会停留在表象，需要通过妈妈的仔细观察才能发现，同时还需要不断地培养，才能成为真正的能力。

# 问问社会，它需要孩子做什么

家庭是孩子走向社会之前最早的"演练场"，妈妈就是孩子进入社会的引路人。所以，家庭教育的成功与否，还要由社会实践来做检验和评判。妈妈对社会发展和变迁不了解，对政治经济的发展变革置若罔闻，对社会提出的人才素质要求一概不理，这就等于"闭门造车"，即使为孩子做了人生规划，将来孩子出门也很难"合辙"。曾有媒体报道：

黄某毕业于中国政法大学，本打算回福建找工作，不料出门时太过匆忙，遗忘了自己的手机，情急之下又买错了火车票，只身来到南昌。到达南昌后，身上只剩几十元钱的黄某，为了生存，四处找工作，可是因为不懂与他人如何交际和沟通，始终没能找到工作。

很快，黄某就断了生活来源，只能在南昌街头流浪。因为天气炎热，他一头栽倒在南昌街头，被好心的路人发现，及时报警，将其送往医院治疗，才保住了一条命。

这些人很难担负"振兴中华"的责任，能管好自己已经很不错了。

或许，你会觉得他们也是人才，即使如此，也绝不是社会中需要的人才。一个会做科学实验的人，如果连最起码的生活能力都没有，如何能更好地适应社会发展需求？

如今，不少大学生都缺乏生活能力，有些甚至需要妈妈在大学城的周边租房子陪读，以便料理生活；有些大学生，开学才一个星期就退学了，原因竟是无法适应没有妈妈的日子；还有的学生更夸张，连带壳的鸡蛋都不会剥，因为在家只吃妈妈剥好的，面对这种"硬鸡蛋"无从下口，着实可悲。

孩子都要成长为社会人，不可能脱离社会独立存在，更不可能脱离社会独自发展。因此，在为孩子做规划时，妈妈还要考虑社会需要什么样的人才。只有将各方因素都考虑进去，才能为孩子做出科学、合理的人生规划。孩子的一生不仅要符合个人发展志向，更要符合社会发展需要，如此才能设计出对未来有益处的发展之路。

### ▲摒弃"考试成绩好，就能进世界顶尖大学"的思想

虽然说今天的教育观念已经有了很大提升，但很多妈妈依然认为，成绩才是孩子进入大学的唯一标准，才是孩子成才的最佳证明。于是乎，鼓励孩子努力学习，却忽视了孩子的兴趣爱好；督促孩子考高分，却忽视了孩子应该劳逸结合……鼓励孩子考好成绩没有错，但不能唯成绩是用，不能将成绩当作衡量孩子的唯一标准。

生活中，这样的妈妈有很多：

孩子考了好成绩，就满脸笑容，比孩子还高兴，又是许愿旅游，又是许愿买东西，孩子说什么就是什么；要是孩子成绩不好，就一脸沮丧，比孩子更难受，好像地球末日已经来临，饭也吃不下，觉也睡不好；有的妈妈甚之又甚，孩子成绩不好，不是骂就是打，孩子忍受不了妈妈的折磨，自暴自弃，甚至走上极端。

由此，家庭教育中，妈妈不要只看孩子的成绩。只看成绩，就会忽略孩子的学习状态和心理成长，对孩子的成长非常不利，更会破坏母子间的关系。

经常会听到妈妈抱怨："我的孩子数学不好""他英语不行"……根据成绩给孩子定性，会对孩子造成负面的心理暗示，那就是："我学不好数学了""我没语言天分，学不了英语"，如此就会限制了孩子的进步。

任何人都不可能脱离社会而存在，妈妈给孩子做人生规划、提高其素质的同时，必然要符合时代要求。当今社会，我们需要面对两个挑战：一是新意识形态的更新，二是新经济技术的革命，这两方面决定着社会需要哪些人才，也决定着孩子能力的培养方向。要想让孩子成为具有适应未来社会发展能力的人才，就要从长远的战略高度出发，为孩子制定出正确、科学的人生规划。

在具体实施过程中，妈妈应摒弃"考试成绩好，就能进世界顶尖大学"的思想，千万不能让孩子把全部精力都花在应付考试、上补习班上，所有世界顶尖的大学都喜欢具备领导力、创造力、协作精神和博爱之心的人。诚然，进入世界顶尖大学也需要考试成绩，但这只是一部分要求，与此同时，应该更重视培养孩子各方面的能力和素质。

首先，可以鼓励孩子担任班长、小组长、课代表，提高他的领导力。

其次，可以为孩子创造更多的机会，提高他们的动手操作能力，比如，让孩子自己做手工、造模型等。

再次，鼓励孩子多参加集体活动，提高沟通能力，培养协作精神，提高亲和力。

此外，让孩子为需要帮助的人提供帮助，培养他们的博爱之心。

**▲看看名人都是如何满足社会需要的**

想要让孩子进入世界名校，首先应该鼓励孩子确立一个远大的理想，多给孩子讲讲名人故事，让他们看看名人传记和演讲，多给他们买一些科普读物，带他们参观著名大学、研究所、博物馆、航天馆等。妈妈要调动一切资源，为孩子创造条件。另外，要督促孩子运用科学的学习方法，加上自己的勤奋刻苦，创造性地提高学习效果。

一次，美国加州大学伯克利分校迎来了一批中国青少年。他们是来这里参加夏令营的，美国学校安排一位中国留学生接待他们。之所以让该中国留学生接待，主要原因是：此留学生为了给非洲肯尼亚的穷人建造现代化厕所，与香港大学联合组织过一项社会募捐，留学生这项行为所产生的社会影响力在学校被评为年级第一。

顶级的美国大学，几乎都是这样的标准：第一，学生有很强的领导力，才能组织起大规模的跨国活动；第二，具有非凡的创造力；第三，社会活动能力很强，能真正募集到资金；第四，能配合团队，组建起一支庞大的队伍；第五，有爱心，促使他产生帮助弱势群体的想法。

如今，中国发展需要更多政、商、学界的杰出人才，在培养人才的过程中，妈妈一定要为孩子从小树立远大的志向，引导他们培养高尚情操、道德品质，锻炼他们具备不屈不挠的精神意志；教导他们掌握高效学习的方法，提高综合能力；让他们学会如何跟同领域中的杰出人士学习，不断提高自身与人交往、沟通的能力；培养他们具备创业、筹款、理财的意识，促进商业头脑意识的发展；重视他们创造力的开发……

最后，为了帮孩子立志，还可以引导孩子看人物传记或相关电影，比如：商业领域的，如李嘉诚、比尔·盖茨、乔布斯等的人物传记或纪录片；艺术领域的，如凡·高、达·芬奇等的电影；科学界的，如爱因斯坦、霍金等的电影。让孩子们在观影的过程中，感受这些名人的成长历程，学习他们的人格魅力。

# 科学制定适合孩子的教育规划

大多数妈妈都望子成龙、望女成凤，希望自己的孩子能享受最好的教育，早日成才。孩子从 3 岁起就进入幼儿园，参加各种培训班、拓展训练，一直到进入大学，培训班成了孩子成长的唯一陪伴。而到了大学，又要面对考研培训、出国培训……究竟如何给孩子的教育做规划，如何通过教育来实现孩子的人生规划，成了妈妈需要重视的一大问题。因此，不仅要了解孩子，更要了解给孩子做教育规划的具体事宜。一位母亲是这样规划对儿子的教育的：

我儿子今年 9 岁多，是家里的独生子，为了让他适应更严苛的生活和竞争环境，我为他制定了"智慧和体魄两手都要抓"的发展规划。希望孩子将来在智力上高人一等，在体魄上也要健壮有力。

我觉得，孩子没有兄弟姐妹，到了社会必须具备强劲的个人能力。从小我就要求他，想清楚再说话；并且，要表达完整、清晰，所以现在他表达能力很强。他 2 岁时，我就引导他看《动物世界》《探索世界》等节目；5 岁多时，他开始喜欢看《百家讲坛》之类的文化节目，我决定培养他背诵经典文章的能力，并陪他坚持了下来。老师说，他的逻辑推理和语言表达能力已经和 15 岁左右的孩子差不多，他偶尔还会做些打油诗什么的。

当然，孩子开始也坚持不下来，我就陪他一起读、一起背。在我的坚持下，他不再抱怨。他跟同学聊天时，经常能引经据典，令同学们着实佩服。

从个体角度来讲，孩子未来的发展，需要经历一个相对漫长的学习过程，然而人的生命有限，想要少走弯路顺利发展，一定要提前做好教育规划。

从社会角度来看，孩子今天的学习，正是为了更好地适应明天的发展需要。人类是社会性动物，我们都要在社会中扮演不同的角色。资源毕竟有限，担任不同的角色，就会获得不同的资源。因此，要想让孩子将来能够适应社会分工和竞争需要，就要提前系统地为他们规划今天的学习，不断累积未来需要用到的知识和能力。

对于个人发展来说，良好的教育意义重大。在中国，一人的教育甚至可以改变一家人的命运。如今市场愈发需要优质的人力资源，是否接受过良好教育就成为个人适应市场变化、提高自身实力的重要保障。在市场经济条件下，教育程度直接影响着劳动者的收入。

如今，孩子的学习任务看似繁重，每天都有很多作业要做，但其实多数都是在重复同类型的训练，使得孩子没有时间去思考。这就更需要我们做一个学习规划。那么，具体应该怎么来规划呢？

### ▲选择合适的教育规划时间

知道了为何要制定教育规划，接下来我们就要考虑教育规划的时间问题，即何时给孩子做规划比较好。我认为，这个时间越早越好，因为给孩子做教育规划，也就是给孩子进行教育定向。

同事的孩子考上了博士，我们都去表示祝贺。提到孩子的学习历程，他说："我之所以能够取得今天的成绩，主要得益于我妈为我做的教育规划。在我上小学的时候，我妈就为我规划好了不同的学习内容和目标。"听了孩子的话，我们都由衷地表示感慨。因为，同事为孩子的付出，我们都有目共睹。在孩子刚上小学的时候，同学就给孩子做了教育规划，之后一步步实施，孩子才取得了今天的成绩。

妈妈都对自己的孩子满怀期望，但极少数人真的能让期望变成现实。如果没有相应的规划和计划，目标是很难实现的。在孩子出世后，妈妈就可以开始考虑对孩子的教育进行规划了；如果错过了，也可以在小学、初中、高中进行，只是周期和时间不同而已。

在孩子很小时，可以只定一个基本方向；等孩子渐渐长大，再逐步细化目标和内容。在幼儿园和小学阶段，主要是妈妈在做规划和执行，老师只是做好配合工作。我认为，如果妈妈能跟老师在孩子每个阶段进行深入探讨和沟通孩子的教育计划，效果会更好；在初中和高中阶段，要在前期计划的基础上，让孩子自觉参与到计划的修订和实施当中。

### ▲保持学业与爱好的平衡

为孩子做教育规划，应该以学习为主，爱好为辅，爱好要与教育定位相适应。仅仅将注意力集中在学习上，很容易本末倒置。孩子不仅需要学习，更需要培养爱好，培养一技之长，因此，在为孩子做教育规划的时候，一定要平衡好学业与爱好之间的关系。

为了让儿子考上理想的高中，升入初三后，妈妈陪着他一起做了学习规划。按照他们的规划，儿子每天都要学习 15 个小时。孩子一点休息时间都没有，整个脑袋都晕晕沉沉的。孩子放弃了所有的爱好，跟爱好有关的摆件统统被妈妈打包，放进了地下室。每天，孩子除了学习就是学习。可是，孩子学得很累，效果一点都没有。

妈妈意识到问题的严重性，在网上积极寻找办法，终于发现了自己的问题：给孩子设定的规划中，太重视学习而忽视了孩子的爱好，孩子的大脑得不到休息，学习效率自然就不高。

之后，妈妈在规划中加入了一些跟孩子爱好有关的内容，允许孩子保留自己的爱好。学习累的时候，就可以做点自己喜欢的事情。如此张弛有度，孩子的学习效果渐渐提升了许多。

想想看，整天抱着课本趴在那里学习，效果会怎样？只有将学习和爱好结合起来，在紧张的学习之余，让孩子学会休息，才是最佳的学习规划。

# 掌握职业规划的主要环节

自我认识、教职统筹、职业规划，是孩子进行人生规划的主要环节。这三个环节需要在职业发展过程中经历不断的循环反复，不断进行修改和调整。了解孩子，就要对职业规划的这三个层面多方了解和认识。

孩子甲：

大学毕业后，想找工作，可是投了很多简历，都石沉大海。原因何在？因为他在过去的几年中，缺少对自己的认识，根本就不知道自己究竟适合怎样的工作。

孩子乙：

高考成绩公布后，大家都在填志愿。可是，他却不知道该怎么办？因为他不清楚自己毕业后要干什么。因此，无法对学校做出选择，更不能对所选专业做出决定。

……

自我认识，即了解个人特点、专长、爱好和能力，培养自信心，掌握人际交往技巧，学会在成长中适应社会的变化和人的变化。

教职统筹，即协调教育和职业的关系，了解职业信息，认识自己具备哪些实现职业目标的能力，协调职业与学习、与社会的关系，了解目标职业在社会中的功能和需要。

职业规划，即对学习和职业做出规划决策。在不同的年龄段，其职业规划略有不同，比如：高中阶段，是职业发展的关键时期，在这一重要转折点上，最重要的是具备怎样的职业发展能力，对于一个人来说，是检验他能否具备人生规划能力的重要指标，对其今后的事业发展具有极大的影响。

### ▲了解教育与职业规划的关系

孩子所受的教育和职业规划不是毫无关系的，最好先确立职业规划，然后再根据相应的职业，学习相关的知识。将二者割裂开，孩子学习的目的性就会减弱，针对性也会降低。只有紧紧围绕职业规划来安排学习，才是最有效的。

王梅从小就想当医生，因此，从中学开始就为自己制定了当医生的职业规划。于是，在后面的学习中，她积极努力，成绩一直都不错。高中毕业那年，她以高出录取分数线 25 分的好成绩被一家医科院校录取。之后，又在学校攻读了研究生，毕业后成功就业。

不可否认，王梅之所以能够实现自己的职业理想，就是因为在受教育的过程中，目的明确，效果翻倍。

如今，大家对教育和职业都再熟悉不过，但谈到两者的关系，很多人都不太清楚。作为妈妈，在为孩子规划人生时，必须明确这两者间的关系。一般而言，要想弄清楚他们的关系，首先应注意这几个方面：

1.让孩子正确理解教育成果和职业规划的关系。知道如何把学业和职业技能用来追求人生目标；了解个人兴趣和学业、职业技能之间的关系；知道如何学习与目标职业相符的学业和技能；了解大学教育与就业市场的衔接关系；了解专业技能的通用性，认识到不同职业的互通技能，以及在新的工作环境下继续学习的必要性。

2.让孩子积极应对学习和职业。知道劳动者是为社会做出奉献最多的人；任何教育环境都需要良好的学习习惯和能力；理解学习、努力、实践的重要性。

3.让孩子具备寻找、获取、维持和更换职业的能力。具备收集、理解、使用相关职业信息的能力，可以全面了解目标职业对学历、职业技能的要求，并掌握成熟的设计简历、参与面试的技巧；具备鉴别多种特定工作的能力；具备获取工作机会、维持工作的能力；具备科学评估职业价值的能力，比如：职业所处工作环境、公司待遇、升值空间等；了解个人素质，并重视它们对维持工作的重要性，明白工作变动是常有的事。

4.让孩子理解社会功能和需要对职业本质和结构的影响。了解大众生活方式给就业带来的影响；认识社会功能和需求，对产品和服务供应的影响；搞清职业、工业发展对培训、就业的影响；明白经济全球化对个人发展的影响。

▲帮孩子做好职业规划

孩子还小，即使有了自己喜欢的职业，也不知道为了实现职业目标自己需要提前做哪些准备。这时候，妈妈就要对他们做好引导和帮助了。作为过来人，妈妈不仅掌握了丰富的职业知识，也拥有丰富的实践经验，所有的这些内容完全可以直接教给孩子。即使孩子的职业跟妈妈从事的职业不同，妈妈也可以通过查找资料，来帮孩子答疑解惑。

大导演史蒂文·斯皮尔伯格，36岁时就成了优秀的电影制片人。很多人都看过他的电影，比如：《大白鲨》《侏罗纪公园》等。世界电影史上十大卖座影片中，有四部都是出自他手。

史蒂文·斯皮尔伯格17岁时，机缘巧合下，参观了一个电影制片厂，之后便立下了"要拍最好的电影"的理想。第二天，他换上西装，提着父亲的公文包，只装了一块三明治，就再次来到制片厂。

史蒂文·斯皮尔伯格摆出一副故作镇定的大人模样，警卫相信了他，他顺利地走了进去。之后，他找来一些塑胶废料，在一辆废弃的手推车上，拼出了自己的名字，并在前面写上了"导演"两个字。那年夏天，他每天都主动结识很多编剧、导演，同时以导演的标准严格要求自己。

通过不断地与人交谈、学习、观察和思考，史蒂文·斯皮尔伯格在20岁那年，成为一名真正的电影导演，开启了他的导演生涯。从确立目标，到为之拼搏奋斗，再到实现理想，我们可以清楚地看到史蒂文·斯皮尔伯格是如何成功的。

孩子不仅要有梦想，还要有实现梦想的能力，而职业生涯教育，就是他们实现梦想的有效途径。在孩子的成长初期，妈妈就要把握孩子的特长，及早为孩子制定合理的职业发展规划，顺应自然发展；同时，引导他们树立职业意识。如此，孩子在高考填报志愿、毕业后找工作时，就不会不知所措，而会选择自己喜欢、擅长的专业、工作，并在学习和工作中获得成功和喜悦。

不过，妈妈一定要注意：在给孩子设计职业规划前，应先倾听孩子的声音，了解孩子最喜欢什么。我们可以帮他分析，但不能把自己的意愿强加给孩子。妈妈要做的是帮助孩子实现他的理想，而非借孩子来实现自己的理想。只有给孩子提供更多的自由成长空间，他们的潜能才能被充分开发出来。

Chapter 6

# 从生活开始，和孩子一起规划

# 让孩子过上有规律的生活

德国专家曾做过这样一个试验：他让一个人在一天中的不同时段骑自行车，之后将每段时间里骑踏的次数记录下来。结果发现，在上午 9~10 点时，骑踏次数最多；其次是下午 7~8 点。这就说明，人体的身体活动是有一定规律的。生活也如音乐般充满节奏，时快时慢，时轻时重，时急时缓，如果孩子的生活从小就有一定的规律，并保持正常的节奏，未来多半都能健康成长。

小伟从小就是个可爱的娃娃，粉嫩的小脸上一双乌溜溜的大眼睛，谁看都觉得可爱。可是相处时间长了，就会发现他表现得一点都不可爱。

每天早上，小伟起床后总是拖拖拉拉的，经常要以百米冲刺的速度跑进教室，不然一定迟到；上课时，也是常常睡眼惺忪、神情呆滞，做什么都提不起劲儿；课桌上总是堆积如山，抽屉里也乱作一团，经常找不到要用的东西。同学都要等他整理好书包，才能一起放学……为什么小伟会是这样的孩子呢？

原来，小伟的妈妈平时工作很忙，无法顾及儿子的生活，儿子不管做什么事都凭自己喜好，作业总是拖到大半夜才写，睡眠不足，早上起不来；再加上白天懒得运动，身体越长越胖，行动更加迟缓，整个人都迷迷糊糊的。只有后面有人追着、赶着，他才会认真做事。

不要小看了生活中的小事，正是它们才组成了人生的巨大机器，细节问题越积越多，整个进度都要受到影响，整部机器也会如同废铁，理想再高远也是枉然。因此，"各就各位"的生活准则非常重要。只有养成一定的规律，长期累积，才能取得不凡的个人成就。

生活中，经常会遇到这种现象：全家人聚在一起愉快地聊天，孩子也希望加入，不愿独自睡觉。结果，早上爸爸妈妈急着上班，孩子却赖在被窝里不愿起床，妈妈又催又叫，甚至连早饭都吃不上。有的孩子中午不喜欢睡觉，而是在外面又跑又跳，结果整个下午都没精打采……

这种混乱的日常生活秩序对孩子的身体健康危害最大。孩子处于成长期，只有按时吃饭，才能使消化系统正常运作，从食物中吸收充足的营养。学习和游戏时，可以刺激相应的神经系统呈兴奋状，使孩子精力旺盛。而只有保持充足的睡眠，才能让孩子的大脑得到充足休息，体内的生长激素才能正常分泌，促进孩子身心成长；反之，如果这套系统被打乱，就很难保证孩子有足够的精力健康成长。

总是以自己的生活规律来约束孩子，比如：有的妈妈觉得只凭一日三餐不会让孩子长得更高，经常给他们"加餐"，让孩子吃些零食，或者为了满足他们的"馋嘴"，经常给他们买零食吃，这些"好心"反而会影响孩子的食欲，导致他们不好好吃饭，进而影响身体发育。再比如：有的孩子晚上精力充沛，妈妈就觉得孩子"觉少"，允许孩子跟自己一起熬夜看电视，结果导致孩子的生长激素分泌不足，影响身体发育。

从小让孩子养成规律的生活习惯，有利于孩子的健康成长。作为妈妈，我们要以身作则，帮助孩子养成良好的生活习惯，给孩子营造一个井井有条的生活圈。

### ▲同孩子一起制订规范指导日常生活

要想让孩子的生活更有规律，首先就要跟孩子一起制定一份生活规范，规定好孩子应该做的、不应该做的，然后督促孩子执行。如此，时间长了，孩子就会养成良好的生活习惯，生活也会规律很多。

为了规范孩子的日常行为习惯，妈妈给家里制定了日常行为规划：

1. 早上不能睡懒觉，除非有特殊情况，正常情况下起床时间不能晚于早上7点，周末可以睡到8点；

2. 起床后，及时整理床铺；

3. 自己的房间自己收拾，自己的衣物自己洗；

4. 吃完东西，有了垃圾，要扔进垃圾筐，不能随手乱丢；

5. 饭后，及时洗碗擦桌，不能将碗筷放在水池子里不管；

6. 家里来了客人，要主动出来招待，不能躲在屋里不出来；

7. 看电视、听音乐，不能打扰他人；

8. 午休时间，不要大声喧哗；

……

制定家庭日常生活制度，不仅可以保证家务事不被打乱，还能借此机会教育孩子养成规律的生活习惯。我们完全可以按照案例中的规划，将每天都安排得井井有条、疏密有致，引导孩子合理安排学习、休息、劳动、娱乐等活动。不仅安排好每天，每周、每月的衔接也要连贯。比如，固定起床、睡觉、吃饭、写作业的时间，还要让孩子必须按制度行事。

制度订立后，可以先试行一段时间，发现问题及时修正。制度在施行过程中也要灵活应变，同时妈妈也要认真督促孩子执行，如果孩子偷懒了，要及时提醒，务必让孩子形成习惯。

1. 给孩子立规矩，信号要明确。给孩子立规矩时，要将做错的后果直接告诉孩子。

2. 就事论事，不要给孩子贴标签。"你从生下来就给我找麻烦"这样的话，会让孩子将自己和坏孩子联系起来，让孩子丧失信心。

3.给孩子树立规矩，要简单易懂。孩子的理解能力都不太深刻，自我控制能力也不强，规矩复杂难懂，非但不能让他遵守，反而会将他搞糊涂；要把道理跟孩子讲清楚，而不是简单粗暴地命令孩子，更不要摆出强权嘴脸。实在复杂或者讲不明白的，要温和地告诉孩子："这是这里的规定"或者"这是咱家规矩""所有人都要遵守"。

4.立下的规矩，都要遵守。比如，在任何地方都不许随地吐痰。不能今天这个样，明天那个样。否则，只会让孩子糊涂，无所适从。

▲**帮助孩子培养秩序意识**

如今，不遵守秩序的孩子有很多，他们玩游戏，不喜欢排队；到餐厅就餐，喜欢大吵大闹；看电影，吵吵嚷嚷；上课，经常迟到……没有秩序意识也是孩子不规律生活的一大表现。因此，如果想让孩子过上有规律的生活，就要逐渐培养他们的秩序意识。

一个阳光明媚的上午，小周和晓晓在麦当劳里玩滑滑梯。

一个叔叔抱着一个大约 2 岁的小男孩走过来，坐在滑滑梯旁边，叔叔说："小姐姐，让弟弟玩滑滑梯好不好？"说了几遍，晓晓和小周都没搭理。

这时候，妈妈走到小周面前问："小弟弟想玩滑滑梯了，是不是让他玩一下啊？"小周斩钉截铁地说："不行。"

妈妈又问："为什么？"小周理直气壮："因为他没有排队。"多么充足的理由。

妈妈故意（说给那位叔叔听）大声地说："因为弟弟没排队啊，那如果弟弟来排队，你会让给他吗？"小周说："会。"

叔叔听了他们的对话，立刻抱着孩子走开并不好意思地说："我们排队，我们排队。"过了一会儿，小周果然主动把滑滑梯让给了那个小男孩。

玛利亚·蒙台梭利说："儿童需要秩序就如动物离不开陆地，鱼儿离不开水一样，秩序会产生自然的快乐。"这种秩序感需要成人维护，一旦秩序遭到破坏，孩子就会感到非常痛苦。

我们可以单独给孩子准备一个属于他自己的空间，引导他整理玩具、书本、学习用品等。当孩子对秩序产生认识，就会适应规律的生活了。不过，在执行时，妈妈要严格但不应严厉。一旦孩子能够坚持下来，习惯就会根深蒂固，就会为孩子今后的成长奠定良好的基础。

1. 给孩子创造井然有序的生活环境。井然有序的生活环境包括：（1）规律的作息。日常生活中，要为孩子安排一个合理、相对固定的作息时间表，督促他们遵照执行；（2）整洁有序的家庭环境。家里的各种物品要摆放整齐，使用完毕后要物归原处，还要引导孩子自己动手收拾玩具；（3）和睦的家庭氛围。家庭成员之间和睦关爱、长幼有序，孩子就会形成一种追求秩序的美好心态。

2. 从小事入手培养孩子的秩序感。在日常生活中，要从小事入手，培养孩子的秩序感。例如，孩子进门后，要督促他主动换鞋，并将鞋子摆放整齐；带孩子参加集体活动，让孩子形成规则意识，比如：玩滑梯时，让孩子自觉排队、有先有后、不推不挤。

3. 注意公共场所孩子秩序感的培养。公共场所都有相应的规章制度，要求大家自觉遵守，比如：乘坐公车，要先下后上、文明礼让；游览公园，不要攀折花木、践踏草坪；观看电影，不能乱扔果核、大声喧哗等。每到一处，妈妈都要以身作则，同时还要向孩子讲解相关的规定。

# 鼓励孩子自己的事情自己做

要想让孩子具备自理能力，就要让孩子清楚：上学是自己的事，没有理由都让爸妈代做。每天被闹钟叫醒，要鼓励自己起来，准时上学；遇到大风、雨雪天气时，要提前起床，早早出门，争取按时到校；如果迟到了，自己应该对此负责，不能把责任都推给别人。鼓励孩子要自己的事情自己做，是让孩子快乐生活的基本条件。

朋友带着她儿子从美国回来度假，借住在我们家。她的儿子叫大卫，是三个儿子中最小的一个，每次出门，他都会背一个占据半个身子的大背包。在天坛公园游玩时，我想帮助他，对他说："我帮你背这个包吧。"没想到，大卫摇着头说："谢谢，但是自己的东西应该自己拿。"

那天我们还看见一个中国小女孩，她跟大卫差不多大。她坐在花坛旁边的护栏上，伸着腿，抱着臂，一脸不高兴地冲着妈妈喊："快点呀。去晚了就没座位了。"她妈妈背着大包小包，还腾出一只手招呼出租车，急得满头大汗……

自己的事情自己做。本是最基本的为人处事准则，但很少有中国家庭重视这样的教育。

看到一个名校的高材生，因为无法自理生活，不得不放弃了公派留学的机会，你一定会觉得万分可惜，但其中反映的问题却更值得引起我们思考。

生活中到处都是这样的例子，一位妈妈感触颇深："孩子今年 6 岁了，吃鸡蛋、吃香蕉都要我先给剥好皮，到现在连手帕、袜子都不会洗……"为什么孩子越大越"瘫痪"？事事都要妈妈伸手帮忙？说到底，都是妈妈自己造成的。妈妈对孩子百般宠爱，恨不得什么事都帮他做了，殊不知，这样才是害了孩子。

妈妈不能万事都为孩子做得妥妥当当，要试着放开手，让孩子做一些力所能及的事，一次做不好就多锻炼几次，熟练以后，孩子就会做得又快又好了。包办，只能让孩子丧失自理能力；放手给孩子自己动手创造平台和机会，这样才能培养出他们的自立能力。

### ▲让孩子自己动手做

很多家里的独生子女，妈妈视其为掌上明珠，大小事都包揽，孩子根本插不上手，更不用说主动做家务了。他们缺乏锻炼的机会，只会渐渐养成娇气、懒惰的坏习惯。既然要培养孩子自己的事情自己做，首先就要鼓励他们独立完成跟自己有关的事，不要将所有的事情都交给大人。

形形 2 岁时就懂得自己穿衣、戴帽了。虽然衣服总穿反，帽子总戴歪，鞋子总穿不上，但与同龄人相比，他已经有了自理意识。每次他穿错，妈妈都会提醒他，或是帮助一下。看到孩子能够"自己的事情自己做"，妈妈心里还是蛮欣慰的。

相对而言，幼儿园里很多小朋友，就还不会穿鞋，比如阳阳。老师问他："阳阳，大家都去换鞋了，你怎么坐着不动？"他说："我不会穿鞋。"

老师走过来，手把手地教阳阳如何穿鞋，阳阳听了还是不会，老师就对他说："阳阳，你已经长大了，要学会自己的事情自己做，总不能让爸爸妈妈天天给你穿鞋，他们该多累啊。"阳阳点点头，开始自己试着穿鞋子。

之后，阳阳也学会了自己穿鞋，而且从来没穿反。


只有从小树立"自己的事情自己做"的观念，孩子才能照料好自己的生活、保持良好的个人和环境卫生。孩子在 3 岁之前很难自主完成穿脱衣服，但生活自理意识一定要让孩子早早树立起来。孩子 2 岁左右时，就可以引导他自己穿脱衣服了，虽然会费些事，效果也不好，但只要不厌其烦地帮助、鼓励孩子反复实践，就可以掌握穿脱衣服的正确方法。此外，还可以引导孩子学会自己洗手、洗脸、刷牙、洗脚、剪指甲、洗袜子等。

同样，孩子再小，只要有行动能力，就能做一些力所能及的家务。比如，可以让孩子整理床铺、饭前摆放碗筷、清扫一小块区域、擦桌椅、倒垃圾等。鼓励孩子做这些事，不仅能为家庭做贡献，还能锻炼他的劳动能力，形成良好习惯。同时，孩子也会从做家务中认识到自己的责任所在，就不会养成"饭来张口，衣来伸手"的毛病。

### ▲让孩子自己安排生活，并对自己的行为负责

孩子虽然年龄小，但也是一个有独立思想的个体，他们想按照自己的想法来摆放玩偶，想按照自己的想法来决定吃多少饭，想按照自己的想法来选择看什么书……既然要让他们自立，妈妈就要适度放手。即使孩子按照自己的想法做错了，也会增长经验和教训，激发他们对自己的行为负责。将孩子的生活大包大揽，孩子什么都不会，长大了怎么办？


送女儿上英语课，我到旁边的超市购物。买完东西，觉得天怪热的，不想来回跑，就早早地去女儿上课的地方等她。过了一会儿，来了一对母子，男孩该上初三了，说是咨询一下暑期的辅导班。

辅导班的老师热情地介绍着，男孩妈妈仔细地咨询着，而男孩子则默不作

声地坐在一旁。老师介绍说，辅导课从 7 月 1 号就开课了，一共 20 天。妈妈决定让男孩上，男孩在一旁也表示同意。

接着，男孩妈妈问："那 8 月份的课程是怎么安排的？"

我忍不住插嘴："你不让孩子歇歇吗？"

男孩妈妈笑了笑说："你不知道，我这孩子成绩总是上不去，我和他爸都很忙，顾不上看他，我怕他一个人在家不好好学习。"

补习班的老师也建议："孩子还有假期作业。再说了，假期也应该让孩子放松一下，或出去玩玩。"

男孩妈妈说："不行，孩子没有离开过我，我不放心。"

最后，补习班的老师想了个法子，让男孩跟一个一对一的孩子一起写作业，老师盯着。

男孩妈妈很感激地走了。我坐在那里，心里却很不是滋味。

那个男孩一米七五，五官长得很清秀、端正，但在男孩脸上，看不到笑容，也听不到辩驳，一直都乖乖地坐着，问一句，答一句。男孩妈妈待的时间很短，我也不能跟她讲太多，但我真的想对她说："让孩子自己做些安排吧。因为总有一天，孩子要脱离我们的怀抱，自己生活。孩子没有自己的思想、不会安排自己的生活，怎么会有动力去为自己的将来奋斗？"

这一点，对于年龄过小的孩子的确有些为难。但只要孩子具备一些思维意识，就应该尽早从生活点滴中培养他的这种独立意识。比如，每次带孩子出门前，提醒孩子自己想想，该带什么东西，有没有遗漏的？当孩子学会自己思考和表达后，就可以引导孩子自己安排课余时间，比如，明天到哪里玩？为什么这样安排？有没有不合理的地方？如果孩子出门忘带了东西，或者把东西忘在了外面，对你发脾气时，千万不能自揽责任，一定要让孩子明白，自己要对自己的行为负责。

同时，收拾和整理玩具等物品，也是自我管理训练的重要一环。要让孩子明白，自己的物品要自己收拾，妈妈只是帮忙而已。可以专门准备一块地方，放置孩子的玩具和物品，让孩子清楚每件物品都有其特定的摆放位置，每次玩完后都要把它们各归各位；同时，引导孩子养成分类整理的思维和习惯。

# 让孩子明白节俭的道理

　　培养孩子勤俭节约的美德，不仅能提升个人素养，还能让孩子懂得合理分配财物，具备独立生存的能力。教育孩子节俭时，应让孩子理解勤俭节约的重大意义，让他知道今天的好日子来之不易，让孩子节约水电、节约粮食和钱财，并深刻认识到浪费是一种犯罪……只有从小养成勤俭节约的好习惯，将来才能成为对社会有益、对亲人有益、对自己有益的人。

　　有一对年轻夫妇，家庭经济条件优渥，两人身上都是名牌，家用电器都是进口的。女儿出生后，为了让女儿明白节俭的道理，他们特意搬到一所普通公寓，一改往日的豪奢，装作普通人。

　　在日常生活中，他们开始勤俭节约，衣服没有一件是名牌，从来不吃山珍海味，还时不时地故意在孩子面前唠叨：爸爸妈妈每天工作都很辛苦，挣钱多么不容易……于是，孩子从小就懂得：妈妈挣钱不容易，自己家的经济条件不富裕。

　　在两人的耐心教育下，女儿很早养成了勤俭节约的好习惯：自己的零用钱攒起来；废弃的纸箱、瓶子存起来，积累到一定数量，就送到废品回收站。目睹着女儿的一点点成长，夫妇俩很开心，对女儿的行为赞赏不已。

俗话说"由俭入奢易，由奢入俭难"，孩子一旦养成了伸手钱便来、花钱如流水的生活习惯，一旦家里发生变故，通常都难以理解和接受，更不用说帮助妈妈共渡难关了。如果孩子从小就养成了节俭意识，成人后也自然会珍惜财富，并对父母为自己创造的一切条件倍加珍惜。

孩子小，不能成为不进行节俭教育的理由。一旦孩子长到一定年龄，对世界有了一定的认识，再跟他们谈生活如何贫苦，不仅达不到教育目的，反而会引起孩子的反感，更易招致孩子的不屑和反驳："都什么年代了，有吃有喝有住，为什么要哭穷？难道你想让社会回到解放前？"

平稳如镜的湖水难出精悍的水手，祥和安逸的人世难出惊世的伟人，因此妈妈要想让孩子早日成才，一定要舍得让孩子体验"贫穷"，让孩子从小就接受节俭教育，让他明白幸福生活来之不易。

孩子是国家的未来和希望，无论是国家的富强、社会的发展，都需要一批接一批，一代继一代的有为青年。而要创造美好的未来，最基本的个人素质之一，就是克勤克俭、艰苦奋斗。很难想象，一个习惯了奢侈浪费、大手大脚的孩子，如何能指望他长大后成就一番事业，建设美好家园？

勤俭，是为人、为家、为社会的基本美德，我们应该让孩子们养成勤俭的好习惯。

### ▲体验劳动，收获果实

日常生活中，结合劳动教育，让孩子做些力所能及的家务劳动，不仅可以让他们从实践中体验到劳动的辛苦，还能知道劳动成果的得来不易。比如，在农忙时节，带孩子去拾稻穗，可以让其在劳动中深刻体会"谁知盘中餐，粒粒皆辛苦"的道理，进而培养他们艰苦朴素、热爱劳动的优良品质。

生活在北京的刘女士国庆假期前夕把孩子送去了河南的亲戚家。那个村子只有十几户人家，村民日出而作、日落而息，饮食基本自产自足。她觉得那里的环境能让孩子体验到比较纯粹的乡村生活，空气又清新。刘女士再三叮嘱亲戚，要让孩子跟大人同吃住，同劳动。把孩子送到那儿，第二天刘女士就自己返回了北京，直到假期结束才把孩子接回。

无独有偶。

寒假时期，在上海工作的王女士将孩子送到了江苏的娘家。江苏冬天会收割些蔬菜，正好可以让孩子锻炼一下。王女士走时，叮嘱老人说：要让孩子挽裤腿、下泥地。

劳动课，是每个孩子在小时候都应该接受的课程。即使学校不开设，我们也要为孩子创造条件，让他们感受劳动者的辛苦和付出。当他们通过自己的努力得到果实时，心中定然会欢悦很多；一旦体会到劳作的不容易，他们也就不会毫无顾忌地浪费了。

### ▲回收废物，变废为宝

废旧物品如果能善于利用，也会"变废为宝"，妈妈要教孩子把废旧物品收集起来，将卖掉的钱捐助给需要的人。还可以教孩子利用废旧物品，制作手工艺制品，比如：用易拉罐做小花篮，把旧凉鞋改成拖鞋等等。如此，在培养孩子节约习惯的同时，还能锻炼他们的动手能力。

在女儿的书架上，摆放着很多由她自己制作的手工，小房子、花篮等。这些作品都是用废弃的瓶瓶罐罐或纸盒做成的，不仅美观，而且还绿色环保。

从小，我就喜欢带着女儿用那些废弃的东西制作小玩意。开始的时候，是我给她做；等到她大一点后，她便自己做。平时，遇到不用的东西，女儿都会专门收集起来。没事的时候，自己就会拿着剪刀、尺子、胶棒等摆弄。虽然样式新颖的作品比较少，但也有可圈可点的地方。

同时，如果废弃物太多了，我就会让女儿收集起来，卖给附近的废品收购站。挣的钱都归女儿管理，如今已经积累了一笔不小的财富。

变废为宝、回收废物，既可以培养孩子的环保意识和节约意识，又能发展孩子的想象力和创造力。利用周围的废旧资源，和孩子一起美化家庭环境，可以与孩子一起收集废报纸、易拉罐，制作玩具、挂饰、环保时装，变废为宝。通过这样的"环保制作"活动，孩子就能了解到一些常见的环保材料，产生一定的环保意识；同时，还能开动脑筋，提高创造力。

对于不能变废为宝的家中其他废品，要告诉孩子：哪些是可以回收卖废品的，哪些是要分门别类地丢到垃圾桶的。同时，还要鼓励孩子将家中待卖的废品收集起来，定期卖掉，并将卖废品的钱给孩子作为奖励。由此，孩子就能在潜移默化中明白"劳有所得"的基本道理。

# 引导孩子做个有礼貌的人

在人与人的交往中，只有懂礼貌的人，才能受到他人的欢迎，也更容易融入集体。如果孩子从小就语言粗俗、行为放荡，不讲文明、不懂礼貌，不管到哪里，都会被大家排挤、疏远、孤立，如此，是不利于孩子结交朋友、开阔视野、增长见识的。记住：引导孩子做个有礼貌的人，也是养成孩子良好生活习惯的一项重要内容。

讲文明、懂礼貌是中华民族的传统美德，不仅体现着一个国家的社会风貌，也标志着一个民族的进步与发展。现实中，很多孩子都缺乏这方面的教导，下面，就是几位妈妈的抱怨：

京京妈："我最怕带他出去吃饭。他总是大喊大叫地闹个不停，我让他小声说话，告诉他自己的行为很不礼貌，但这只能让他安分几秒钟。很快又会恢复原状，吵闹个不停，周围人的目光让我尴尬得不行。"

萱萱妈："小丫头什么都好，就是不懂礼貌，不仅学会了骂人，不高兴还动手打人。在家里经常光着脚丫，在她爸爸脸上踩，还跟奶奶发脾气，对爷爷挥拳头。"

轩轩妈："孩子刚学会讲话时，一点都不认生，逢人便叫，十分乖巧。可现在，除非人家给糖吃，要不怎么都不叫人，甚至都不给个正眼。遇到想要抱他的大人，不管是谁，上来就是一阵哭闹，还乱踢人。"

真真妈："这孩子现在说发火就发火，不高兴时就一口一个'滚开'。在家里我和他爸、爷爷、奶奶都忍了。可有一次带他到游乐场玩，对着比他大好多的孩子，甚至成年人也这样，让我和他爸都糗死了。"

礼貌，是为人处世的重要通行证。没有礼貌的孩子，上帝会为他关上很多扇门。即使拿到了一纸文凭，掌握了一身本领，也很难登堂入室。独生子女家庭，大人对孩子过分娇惯与溺爱，会使他们形成自私、霸道的性格，对孩子也是一种伤害。

孩子不可能天生就懂礼貌，也不会天生就讲礼貌。孩子的这些习惯，都要通过家庭环境、生活环境来影响。

孩子一出生，就会模仿身边的大人，他们会认真倾听大人讲话，学习他们的说话方式和内容，直到能自己说话，但他们并不能理解其中的含义。

正所谓"没有不合格的孩子，只有不会教育的妈妈"。孩子不讲礼貌，大部分原因都在妈妈。

### ▲教孩子学会微笑

微笑是公认的国际通用语言，微笑最能表示友好，尤其是孩子们天真无邪的微笑。因此，微笑也是孩子礼貌待人的一种表现。当孩子第一次向人微笑时，妈妈不但要表扬，还要鼓励他继续这样做，让他明白，微笑也可以表示友好。曾经看到过这样一个小故事：

商场中，一位妇女带着一个小男孩已经转了好几圈。最后，他们走到角落，看到几个学生模样的孩子在照大头贴，孩子拉着妈妈的手说："妈妈，我也想照。"

妈妈弯下腰，把孩子额前的头发拢在一旁，慈祥地说："不照，你的衣服太旧了。"

孩子沉默了一会儿，抬起头来说："可是，妈妈，我会面带微笑。"

每次想起这则故事，我的心都会被那个小男孩感动。每个孩子都应该学会微笑，这是妈妈们都应该帮助孩子做到的。

生活是一面镜子，你对着它笑，它也对着你笑。微笑面对生活的孩子，总是乐观自信、积极进取的。教育学家多罗茜·洛·诺尔特曾说："如果一个孩子生活在批评之中，他就学会了谴责；如果一个孩子生活在敌意之中，他就学会了争斗；如果一个孩子生活在鼓励之中，他就学会了自信……"由此可知，如果孩子生活在微笑之中，自然也会懂得微笑。学会了微笑，孩子也就懂得了生活的意义。

在日常生活中，要让孩子学会微笑，乐观地面对生活，不妨试试以下几种方法：

1. 教孩子用微笑面对生活。无论在怎样的环境中，都要让孩子保持一颗快乐的心。孩子们可以吃最普通的食物、穿最破旧的衣服、面对最不幸的生活，但是不可以缺少从容的微笑。要让孩子用微笑去面对生活赋予的一切，当孩子学会微笑时，生活中的一切不幸与悲伤也就烟消云散了。

2. 让孩子学会对陌生人微笑。在日常生活中，孩子时时刻刻都要面对陌生人。这时，微笑就会成为人与人之间沟通的最动人的语言、最真诚的问候。任何一个陌生人，在面对孩子真诚的微笑时，都会感到无比温暖与快乐。让孩子微笑，不仅可以将温暖传递给别人，也能将快乐留给自己。

### ▲教孩子学会说礼貌用语

如今随着网络的盛行，出现了很多网络语言；同样，孩子们也更加追求个性，为了凸显自己，更喜欢使用个性化的语言。可是，这些语言都是新时代的产物，并不是每个词语都是文明的。因此，要想让孩子做个有礼貌的孩子，就要让他们多使用文明用语、礼貌待人。

　　体育老师让露露去传达室借绳子，露露推开门径直走进去，对传达室的张师傅喊："嘿！绳子在哪儿？"张师傅低头看报纸，没理他。露露又喊道："体育老师让我来拿绳子。"张师傅还是没理他。露露转身出门，一边跑一边喊："老师，传达室的老头儿聋了。"

　　不讲礼貌的孩子，永远都不会受欢迎。

　　为了让孩子养成讲礼貌的好习惯，可以教孩子用礼貌用语表达对他人的喜爱和尊敬。孩子只要学会说话，就能很快学会"请""谢谢"等礼貌用语，要让孩子知道，只有在他用礼貌用语时，妈妈才会答应他的要求。

　　当然，孩子偶然做出一些礼貌的行为，应该及时予以表扬。不过，一定要让他明白自己为什么受到表扬，要把表扬的原因说清楚。只说"好孩子""你真棒"等话语，孩子并不清楚自己哪里做得对，比如说"刚才阿姨给你糖吃时，你说了'谢谢'，真是个懂礼貌的好孩子。"或者"你在给老爷爷让座时说了'请'，真懂礼貌。"孩子就会知道，说话讲礼貌，就会得到妈妈的表扬，他就会继续坚持下去。

# 让孩子养成良好的卫生习惯

　　妈妈们整天叮嘱孩子要注意个人卫生，可孩子就是不把这些话放在心上。卫生习惯也是个人生活习惯的重要组成部分，跟孩子生活的方方面面都有关系。所以，作为一名负责任的妈妈，就要引导孩子养成良好的卫生习惯。

　　现实生活中，有太多的孩子不讲卫生，妈妈们也是无可奈何，下面就有一例：

　　妈妈拿着牙刷来到孩子面前："刷牙了。你看，妈妈都给你挤好牙膏了。闻闻，还有苹果味呢。"孩子却一边跑一边喊："我不想刷牙。"一溜烟就跑回房间把门从里面反锁了。

　　妈妈拍拍门，皱着眉头说："好孩子听话，不刷牙，牙齿会被虫子吃掉的，到时你会很疼的。"孩子还是不出声。

　　妈妈耐心地劝他："要是不刷牙，我就不爱你了。"孩子哭着说："我就不要，妈妈坏。"

　　妈妈只能无奈地继续劝说……

　　第二天吃过晚饭后，妈妈和孩子一起看画册。孩子一边听妈妈讲，一边看着妈妈手指的图画：有唱歌的、有跳舞的、有做游戏的……一页一页翻下去，到了《好习惯》的章节。画面上，一个小男孩正呼呼大睡，一个小女孩却在刷牙；下一页，小女孩高高兴兴地出去玩耍了，小男孩却捂着脸直叫疼。

妈妈指着这两幅画问："他们谁是讲卫生的好孩子啊？"孩子低着头不说话。

妈妈又问："你觉得哪个小朋友做得对？"孩子红着脸，指了指小女孩。

妈妈温柔地摸着孩子的头："你想做个讲卫生的好孩子吗？"孩子想了一下，点了点头。

孩子对妈妈说："妈妈，我从今天开始，也要做讲卫生的好孩子。"

妈妈欣慰地说："嗯，好。"

妈妈心里很得意，但说实话，还是要感谢那本画册："真没想到，孩子竟然看了这个，就会乖乖去刷牙。"

习惯要从小养成，好习惯、坏习惯都是如此。因此，良好的卫生习惯必须让孩子从小养成。

不过，光说不练可没什么效果，要培养孩子养成良好的卫生习惯，采取事例讲述、榜样示范的方法或许更有效，就像前面故事中的那位妈妈一样，偶然拿画册上的"对比"做示范，反而起到了不错的效果。

孩子不讲卫生，不仅会影响身体健康，还会影响他们的人际交往，因为任何人都不喜欢跟邋遢的人交朋友。

**▲让孩子理解讲卫生的重要性**

很多孩子之所以不讲卫生，主要是因为孩子不知道讲卫生的重要性，因此，如果想引导孩子提高个人卫生意识，就要将重要性告诉他。

小勇今年已经7岁，但一点也不注意个人卫生，每次妈妈让他洗澡，他都磨磨蹭蹭，总会找一大堆理由；同时，他还不喜欢饭前洗手、不喜欢刷牙漱口，因此总是闹肚子，还长了不少蛀牙。升入一年级后，每个学生都领了新校服，要求每天都穿戴。可是，没过一个星期，他的校服就被搞得又破又脏。看到儿子像只小脏猪，妈妈感到很郁闷。

为了让孩子提高卫生意识，妈妈对小勇说："饭前不洗手，很容易将病菌吃进嘴里，会生病。"为了更加形象，妈妈还专门到网上找了一些案例，给小勇分析。小勇看着一张张触目惊心的图片，再也不敢不洗手、不洗澡了。

孩子不理解讲卫生的重要性，自然就很难真正改变自己的行为，甚至会为了妈妈而讲卫生，比如：有的孩子，有妈妈监督时，就乖乖刷牙、洗脸、洗手；一旦妈妈不在身边，就不注意个人卫生。

他们之所以会这样做，就是因为没有从根本上认识到讲卫生的重要性，只是为了不被妈妈唠叨而已，自然就无法养成讲卫生的好习惯。所以，要让孩子真正养成良好的卫生习惯，必须让孩子知道讲卫生的重要性。

### ▲卫生习惯的培养也要适度

不管做什么事情，都需要把握好一个度，培养孩子的卫生习惯也是如此。让孩子讲卫生，并不是说一点脏东西都不能出现在衣服上，也不意味着，头发要每天洗……一旦将讲卫生放到了日常生活的首位，将更多的注意力放在上面，很容易适得其反。如果孩子发展到不管到哪里坐都要先拿纸巾擦一下，问题就严重了。因为，如果床铺确实脏，可以先清理一下；但刚换的床单，孩子还要擦，就有问题了。

姚希放学回到家，默默地进了洗手间洗澡，替换下一大堆衣物。换其他家长，都要夸孩子爱干净、讲卫生，可看到自己的女儿这样，姚希妈感到既心疼，又头疼。果然，姚希又冲她大声喊："我不想去学校！"

姚希妈来到学校找到老师，开门见山，认为8岁的女儿有洁癖，学校不能让她接触脏东西。可是，老师却反馈说："最近，孩子的情况变得更严重了。打扫卫生不积极，安排她值日，总是躲得远远的；同学碰她一下，她就会立刻尖叫着跑开，甚至有几次嚷着要回家。"

姚希妈说："孩子有这个问题，我们也没办法，能否不要给孩子安排打扫卫生的工作？……毕竟这是特殊情况。"

是不是有洁癖就可以不打扫卫生呢？当然不行。

有些妈妈对卫生问题过分重视，已经达到了"洁癖"的程度，在教育孩子时，也用严格的标准要求孩子。比如：督促孩子洗手、洗脸、刷牙、收拾东西时，过分强调不能碰脏东西、衣服穿三天必须换洗、摸过东西后要反复洗手、餐具用前要先消毒等。孩子深受这种态度和做法的影响，会养成过于苛刻的卫生习惯，比如：刚穿上的衣服稍微脏一点就换洗，吃饭时不断用手帕擦嘴，作业本稍有不洁就使劲擦……逐渐，孩子就会养成洁癖。

洁癖不仅会严重影响孩子正常的人际交往，还会给健康的人格发展带来阻碍，更甚者还可能发展成强迫症。因此，引导孩子养成良好的卫生习惯，一定要把握好度。

# 鼓励孩子多劳动、爱劳动

劳动人民最光荣，只有通过自己双手换来的劳动成果，才是最值得赞扬的。好习惯要从小养成，孩子今天的懒惰，多半是因为昨天没能学会劳动。因此，劳动塑造必须从娃娃抓起。作为妈妈，必须鼓励孩子多劳动、爱劳动。

如今，几乎每个孩子都是身怀技艺：画画、钢琴、跳舞、跆拳道、电子琴……真是样样皆行，事事都能。但若说起一些优秀品质，比如：热爱劳动、甘于奉献等，就很难从孩子们身上找到了。

楼道里，一位白发苍苍的老奶奶拿着扫帚在一个二年级教室里扫地，扫完地后认真地又整理了课桌。在教室门外，一个穿校服的小男孩，悠闲地看着老奶奶在忙碌。原来，这个小男孩是老奶奶的孙子，她正替宝贝孙子做值日呢。

老师告诉老奶奶说："孩子都上二年级了，应该让他学着自己劳动。"可老奶奶却说："孩子太小，不会扫地，大冷天的要是冻坏了手，多心疼啊。"不管老师怎么劝，老奶奶还是坚持不让孙子动手。

如今，不喜欢劳动的孩子越来越多：小学五年级了还不会叠被子，上初一了还不会洗衣服，有些甚至上了大学都不会洗碗……孩子没有劳动意识，不具备劳动技能，这些问题都值得我们深思。

日前，某地方中学公布了一份"中小学生劳动现状与教育对策的调查报告"，报告显示：多数小学生每周只在家劳动一次，而且只有10~40分钟；中学生在家劳动的时间更少，只有一半的学生会做简单的家务。曾有个孩子甚至直截了当地说："我的任务就是学习。劳动只会使我分心，这不就耽误学习了吗？"还有的孩子说："家务劳动都由妈妈和长辈们干，他们从来不让我插手。"

调查显示，很多妈妈们不让孩子动手帮忙做家务，主要是怕他们越帮越忙，还不如自己干省心，结果孩子的劳动积极性就这样被挫伤了。

从小让孩子进行劳动锻炼，让孩子学会做点事，减少对妈妈的依赖，会促使孩子"自己能做的事自己做，不依赖别人帮助"的独立意识形成，有利于培养孩子的独立性。

同时，通过基本的劳动训练，还能让孩子的双手和大脑协调发展。鼓励孩子进行早期劳动训练，可以有效刺激孩子的脑细胞，加快脑细胞的发育成长，更有利于脑细胞作用的开发。因此，一定要将培养孩子的劳动品格作为人生规划的一项重要内容。

### ▲劳动与学习同样重要

有些家长之所以不让孩子劳动，主要是担心耽误了孩子学习的时间。其实，劳动和学习根本就不是相互冲突的关系。而且，学习之余的适当劳动，还可以让孩子的大脑得到休息。仅学习而不劳动，孩子就是死读书，反而不利于学习效率的提高；只有将劳动和学习结合起来，才有利于孩子的发展。

朋友在儿子小时候就要求他自己洗袜子，否则就穿脏的，她绝不动手帮助。就这样，她儿子养成了自己洗袜子的习惯。即使高考期间，他儿子照样自己洗袜子，有时边洗边唱歌，感觉是在享受和放松。

总结朋友的经验，我也会在生活中有意识地给孩子培养这个习惯。女儿洗澡时，负责洗自己内裤、袜子；我不仅会教给她清洗的方法，还教她如何利用暖水之前的凉水。

其实，洗衣服、洗球鞋，孩子们很多时候都是在玩泡泡，玩和做家务两不误，确实不错。

劳动和学习不是两件互不相容的事情，比如：让孩子帮你修理或安装一些旧东西，可以很好地锻炼他们的数学逻辑思维，也能让他们更好地将知识应用到实践中。同时，还能交给孩子一些生活技巧，把课本上的原理用在实际生活中。如此，不仅能提高孩子的学习兴趣，还能帮他们加深印象，促进学习。

学习之余，如果孩子想帮你拖地，就放心让他去干，不要对孩子指手画脚；

如果孩子想自己洗衣服，就让他自己去洗，不要嫌孩子洗不干净；

如果孩子想自己做饭，就让他去做，可能孩子做得还不错；

如果孩子出门的时候，想将垃圾带下去，就让他拿着，反正什么事情都不耽误。

### ▲激发孩子劳动的动机

如果孩子不喜欢劳动或者讨厌劳动，就要想办法将他们的劳动动机激发出来。动机，也就是做一件事的目的。一旦明确了劳动的目的，孩子自然也就会主动去劳动了。

小燕今年上5年级，在学校是个乖乖女，性格开朗、成绩优秀，可唯独不会做家务。妈妈对此很头疼："她自己的房间都乱成一团了，从来也不会收拾。"

王女士也有和小燕妈相似的感受。她女儿正在读初一，为了不迟到，有时洗完脸干脆把毛巾一扔，吃了早饭也不收拾，都要王女士亲自动手。

动机，是孩子做事的缘由，只有在动机的驱使下，孩子做事的积极性才能被充分调动起来。

孩子没有劳动动机，怎么办？可以采用奖励的方法，调查显示，为了鼓励孩子劳动，很多妈妈都会采用"按劳付酬"的办法，孩子做多少家务，就给他多少"工钱"。比如，擦一次地板1元、煮一次饭1元、洗5个碗1元……如此，不仅是对孩子劳动的鼓励，也能增强他们的自主劳动意识。

当然，除此之外，妈妈在劳动时，可以让孩子帮忙打下手，借一起劳动的机会，给孩子讲解劳动的价值。比如，在做饭时，可以让孩子帮忙打下手，孩子就能直观地体验妈妈做饭的辛苦，当孩子体会到这样的辛苦并认识到它的价值后，就会渐渐树立自觉劳动的意识；如果安排孩子扫地，每天都要赞扬他并告诉他，他的劳动给家人带来了舒适的环境，非常有价值；如果家里来了亲戚朋友，要告诉他们家里的地都是孩子扫的，孩子就会有成就感。

妈妈们每周都要更新一次家务清单，并贴在家里明显的位置。这种方式会让孩子时刻牢记自己的责任，隐含着一种契约价值。同时，也要把自己要做的事列出来，让孩子明白，妈妈要做的事比他多得多，这样孩子在做家务时就会对妈妈由衷地表示感谢，自己也会更努力地完成自己的家务。

## Chapter 7

# 管好主业，孩子的学习也需要规划

# 学科不同，规划的内容也不同

很多妈妈苦恼于孩子学习成绩不好，但又不知道问题到底出在哪？难道是妈妈的错？还是应该怪应试教育？非也。问题主要在于妈妈没有从整体上认识孩子的学习，没有帮孩子做好学习规划。事实证明，孩子成绩好，多半都是因为妈妈引导孩子做了学习规划，为不同科目做了不同的规划。

案例一：

上了初中后，小美对自己的学习做了规划，她打算主要科目都好好学习，争取好成绩。于是，她制定了完整的规划表格，将重点科目都列入其中。可是，同学看到她的规划表后，却说："她的这份表做得不好，不同学科，制定的规划都一样，不切合实际。"

案例二：

小学 5 年级时，为了便于后两年的学习，妈妈引导小天做了学习规划。按照这份规划，妈妈给英语、语文和数学都提出了相应的目标和要求。同时，还给各科分别设置了学习计划。小天按照这份规划实施，成绩也一点点有了提高。

不同学科，学习内容都是不同的，因此在设定规划的时候，也要使用不同的方法或设置不同的内容。所有的科目都使用同样的规划方法，不仅不利于学习效果的提高，甚至还会对孩子的学习造成负面影响。因此，在引导孩子学习的时候，妈妈们就要引导孩子针对不同学科做不同的规划。

**▲数学规划**

数学是小学的基本学科，也是给中学学好数理化打基础，因此针对数学科目的特殊情况，就要采用相应的方法来进行规划。

小衫上小学四年级了，学习难度比之前增加了很多。在学到"两位数的除法"时，小衫不是做错题，就是速度跟不上。老师将问题反馈给小衫妈，小衫妈通过观察发现，自己的女儿对基本的乘法口诀不熟练。比如：用到 5 的乘法口诀的时候，她会将跟 5 有关的口诀从头到尾都背一遍，这样才能找到合适的商。结果，其他孩子一眼就能看出来的答案，她却需要花费几分钟。如此，就耽误了时间。

小衫妈知道，孩子之所以会出现这个问题，主要是因为当初学习的时候，没有熟练掌握，后期没有及时复习。1~3 年级的数学教材每学期的主要内容都不同，如果当初对学习重点做好规划，让孩子熟练掌握，也就不会出现现在的问题了。

不同年级的数学，主要内容是不同的，如果想让孩子熟练掌握，就要提前做好学科规划，告诉孩子：每学期该重点掌握什么？该复习哪些内容？

小学一年级，要以培养孩子的兴趣为主。只有在这个阶段培养起孩子浓厚的学习兴趣、引导他们形成良好的思维模式，才能在今后的学习中不断进步。在这个阶段，要让孩子熟记基本的运算知识和规律，掌握提高分析简单图形的能力，训练逻辑推理能力。二、三年级是夯实基础的时期，更不能大意。

对于数学科目，一年级以兴趣为主，到了二、三年级，随着孩子的成长，就应引导他们养成良好的学习习惯，如此，到了四、五年级时，孩子才能掌握好学习方法，为未来的学习做准备。

具体来说，针对这个问题应从以下几点入手：

1. 养成预习的好习惯。加强预习也在无形中提高了孩子的听课质量。

2. 养成复习的好习惯。预习固然重要，但复习要比预习更重要。如果时间真的来不及，即使牺牲掉预习，也绝不能不做复习。回家后在头脑中反复"重放"，才能对知识加深记忆。

3. 养成按时完成作业的好习惯。学习质量需要通过作业来检验。做作业时，要让孩子养成认真审题的好习惯。

4. 养成系统学习的好习惯。系统地学习，能很好地拓宽思路、开阔眼界，有利于孩子自由应对各种题型。

5. 树立正确的学习态度。良好的学习态度也是促使学习进步的关键因素。

▲英语规划

英语虽然不是我们的母语，但其重要性不可忽视。因为，从小学甚至幼儿园开始，英语都是必学科目。将来不管参加何种考试，可能都会涉及英语科目，因此英语学习更要提前规划好。

小琳是个五年级的孩子，英语学得很不错，每次考试几乎都是前一两名。有人问到她的学习秘诀，她说：因为从一开始上英语课，妈妈就对她的英语学习做了规划。比如：按照规划，她在小学低年级需要掌握的内容主要是单词和口语，主要在于记忆；而到了中年级，在单词的基础上加强短语的学习；到了高年级，就要涉及一些语法了。各年级都有不同的学习要点，小琳学起来也很轻松。

英语的学习，说难不难，说简单也不简单，因为它毕竟是一种不同于汉语的他国语言。要想学好英语，就要引导孩子对英语学科的学习做好规划。

随着孩子渐渐长大，应该从何时起教孩子学习英语呢？要回答这个问题，得从儿童心理发育的重要阶段及其相关能力的培养说起。具体而言，在规划孩子的英语学习时，应该从此出发：

1. 幼儿园阶段。根据卡尔·威特的研究结果表明，孩子在这一阶段的语言吸收力比较强。在教学课程的选择上，应该偏重听说两方面，鼓励孩子多听、多说、多唱。

2. 小学 1~2 年级。孩子上小学后，特别是三年级之前，学校都会教孩子一些简单的英语知识，主要以培养听说能力为主。这时，孩子的语言吸收力逐渐放缓，但效果仍然较好，学习重点仍可以偏重于听说类。

3. 小学 3~5 年级。当孩子升入三年级后，妈妈们也开始对孩子的英语学习目标产生分歧，一部分妈妈觉得应该注重听说，一部分则更看重小升初的各类竞赛和升学考试，希望孩子能提高读写能力。二者都不可偏废。

# 学期不同，规划的要点有差别

　　为了让孩子有个好的开始，每到新学期，爸爸妈妈都会摩拳擦掌，为迎接新学期做好一切准备。有些妈妈还会热情高涨地与孩子商议，列出新学期计划表，并要求孩子严格执行。想让孩子管理好自己的时间，出发点是好的，但也得讲究方法。比较靠谱的办法就是不同学期制定不同的规划。

　　再过几天，又要开学了。开了学，悦悦就是三年级的学生了。报到前的晚上，一家人吃完晚饭，妈妈拉着悦悦回到房间，耐心地对她说："明天你就是三年级的学生了，我们一起来想想，在这个新学期里，要做哪些事吧……"

　　不只今天，每个新学期开始之前，妈妈都会和悦悦一起，为新学期的学习生活制定计划。刚开始，悦悦很不理解妈妈，觉得这么做完全没必要，但是坚持了两年，她也渐渐发现制定计划的好处，不但自己完全没有被束缚，反而节省了很多时间，更快地完成了计划内的任务，自己也有时间做喜欢做的事情了。

　　给孩子做计划，但不是每个学期都做，往往是一个计划用三年，或者根本没有计划，都不利于孩子的成长。要知道，孩子每天都不同于昨天，上学期的计划不一定适用于新学期，没有新计划，自然就会影响孩子的学习成长。

　　诚然，新学期开始前给孩子做好规划十分重要，但规划容易做，坚持下去可不那么容易。很多妈妈最后都会发现，列表上写的吃饭、睡觉、学习、锻炼的全天候计划，没坚持几天，就被孩子抛诸脑后了，贴在墙上无人问津。

做妈妈的也许会生气，责怪孩子没毅力、不坚持，甚至因此判断孩子难成大器。但问题是，妈妈给自己列计划表吗？你有坚持完成吗？连成人都做不到按照自己的计划表严格执行，做不到每天按照规定完成计划，又凭什么来要求一个未成年的孩子做到呢？

不同的学习，学习重点都不一样，因此如果想让孩子熟练掌握相关的学习内容，就要对不同学期的内容做好规划。孩子明确了学习重点，也就能够进行重点学习了。

### ▲学习规划要尽量全面

制定学期规划的首要原则就是，尽量全面一些。下面是一位高考状元在高三时每日的学习计划：

早上6点~8点：全面复习功课。

早上8点~9点：安排难度大的攻坚内容。

上午9点~11点：对"抢记"和马上要考核的东西进行"突击"。

正午13点~14点：休息调整一下，养精蓄锐，以利再战。也可听轻音乐。

下午3点~4点：合理安排需"永久记忆"的东西。

傍晚5点~6点：做复杂计算和费劲作业。

晚饭后：分两三段来学习，语、数、外等文理科交叉安排；也可做难易交替安排。

每个学期，孩子除了学习，还有很多事情要做，比如：劳动、吃饭、睡觉等，这些内容都要清楚地列到规划上。此外，即使是学习科目，每科都需要做规划，因此一定要全面，不能遗漏任何一方。

要想真正把一份学习计划完成好，在制订计划时就一定要全方位地考虑孩子的学习生活，做出全面安排。劳逸结合，孩子才能有充沛的精力专心学习；统筹安排，才能让各方面都得到和谐发展，因此制定每学期学习规划的时候，要将休息时间、集体活动时间、社会工作时间、锻炼时间、娱乐活动时间等统统囊括进去。

### ▲长计划和短安排相结合

学期规划，既有长期计划，也有短期计划，在为不同的学期制定规划的时候，要让孩子将长短计划巧妙结合起来。如果两份计划完全是两张皮，各干各的，不仅会加重孩子的负担，还不利于相关知识的积累，更无法取得理想的成绩。

吴先生是一名大学教师，女儿每学期开学之前，他都会跟女儿开个座谈会，这不，女儿开学就三年级了，吴先生又跟女儿一起，制定了一份新学期的学习生活计划表，详细地安排了每个月的日常生活和学习内容。

吴先生说，学习最重要的就是长计划和短安排相结合，因此他不仅给女儿制定了长期的学习计划，还规定了每周、每天的学习内容，甚至还细化到了何时预习、何时写作业、何时娱乐、何时户外运动、何时自由安排等。在此期间，孩子也可以根据喜好看看动画片，或者玩一些游戏，每天既有室内的娱乐项目，又有户外运动时间，这样才能保证孩子动静结合，健康成长。

长计划，即一个较长时间内的大计划，但实际的学习生活我们无法预测，因此长计划不能太具体，也没法细化到每一天，其主要作用就是指出方向，至于指导行动，这就需要短安排。

短安排是指把无法在短期内完成的大的学习任务安排到每学期、每月、每周、每天里去做。这样，孩子就能明白每天的学习在计划全局中的作用。有了具体的短安排，才可以逐步地实现长计划；有了长计划，才能每天安排明确的学习目标和学习任务。

# 年级不同，规划的侧重也不一样

　　不同年级的学生，学习重点是不同的。偏离了重点，很可能事倍功半。孩子每到一个年龄段、每升入一个年级，需要学习的重点都不同、需要做的事情也会不同。从培养兴趣、培养习惯到建立知识体系、综合运用知识和能力，都需要一步一个脚印地来实施。因此，在不同的年级，就要做好规划，明确具体事宜，突出重点。

　　为了让孩子在学习方面有一个好的起点，有位妈妈在孩子上小学的第一天就根据不同年级为孩子制定了不同的学习规划：

　　小学一、二年级的学习内容主要以拼音、字词、句子为主。在这一阶段，重点培养孩子的学习习惯，让孩子养成认真听讲、整洁书写、按时完成作业、多阅读等习惯。在此期间，还要培养孩子的朗读能力，鼓励孩子大声朗读课文，更好地培养孩子的语感、阅读速度和理解能力。

　　小学三、四年级时，要根据孩子的年龄特点和个人认知能力，培养孩子阅读、写作方面的能力。首先，要解决的问题是，不要让孩子畏惧写作文，甚至让他们喜欢写作文。具体来说，要让孩子多看一些讲故事性质的文章，培养孩子对语文的兴趣，但不要把精力都浪费在背诵好词好句上；不要一味让孩子按照老师教的"模板"来写作文，要给孩子的想象力留出充分的施展空间；关注孩子思维培养，帮他们形成健康的心理认知，完善和提升人格，形成良好的思维方式等。

小学五、六年级时，就不应再把孩子当什么都不懂的幼童看待了，要转变自己的角色，把生活中遇到的问题和话题跟孩子分享。具体来说要做到阅读方面，重点提高孩子对文章的理解、概括和表述能力，让孩子多做抒情性散文、说明文的阅读训练；作文能力上，让孩子写主题鲜明的作文，鼓励孩子参加作文比赛；训练孩子写作的同时，配合听、说训练；让孩子适当积累一些古诗文和现代经典文章片段。

不同年级，孩子的学习内容都不同，因此就要为孩子制定不同的学习规划。如此，孩子学起来才会抓住重点，才能有所得。

每个年级，学习的重点都不同，不做好规划，不明确重点和难点，孩子学习起来就会眉毛胡子一把抓，效果自然无法提高。只有针对不同年级，设计不同的规划内容，才能有效提高孩子的学习效果。

**▲不同年级，规划内容各不同**

不同年级的孩子，年龄不同，大脑发育水平、心智发育水平也不同，因此使用的教材内容也不同。既然是为孩子做规划，就要根据这一特点，为不同年级的孩子确定不同的规划内容。为一年级的孩子规划六年级的学习内容，就有些难了；而为六年级的孩子安排一年级的学习，似乎有些简单了。不同年级就要安排不同的学习内容。

在女儿上一年级开始，郭女士就搜集了1~6年级的各科教材，为孩子制定了不同年级的学习规划。比如，对于语文来说，一年级前半学期的重点是汉语拼音的学习，字词笔画的掌握，了解看图写句子的方法。之后，在辅导孩子学习的过程中，就将这几项作为重点内容。结果孩子的学习成绩一直不错。

不可否认，郭女士的做法确实明智。为孩子的各年级学习做规划，也就知道了各年级需要掌握的重点，只要将这些重点内容掌握了，孩子学习、考试也就不那么辛苦了。

为各年级制定学习规划的重要性由此可见一般，那么，妈妈们该如何对不同年级的孩子进行学习规划呢？

1.一年级。一年级是小学阶段的第一年，也是最关键的一年。在这一阶段里，要让孩子尽快转变心态，初步养成学习习惯。首先，要告诉孩子"上小学是件很自豪的事"。其次，提前训练孩子的定力，让孩子能坐满三分钟。再者，培养孩子的时间观念，跟孩子一起制定学习计划，并严格执行，逐步培养孩子的时间观念和计划意识。

2.二年级。二年级重在培养学习态度和习惯，要多关注孩子，并给予足够的耐心；学习上的坏毛病一定要及时改掉，让孩子养成预习、听讲、复习的好习惯。

3.三年级。让孩子养成自主学习、独立思考的好习惯；引导孩子运用初步分析、综合比较、抽象概括等方法，对学习中遇到的问题进行简单的判断和推理。同时，培养孩子敏捷、灵活的思维。

4.四年级。在这个时期，孩子的思维在从形象思维向逻辑思维过渡，语文科目的学习内容也从词句向篇章过渡；数学科目，要让孩子逐步建立起数学体系，为小升初考试做准备；英语科目，在这一阶段，重点还是培养学习兴趣。

5.五年级。五年级上学期，学习重点是吸收新知识，让孩子多学会总结知识点，总结做过的题型，并把它们联系起来，寻找不同之处。五年级下半学期，要让孩子接触各类考试题型，分析每种题型的特点，反复做不会的题目，及时总结，找到合适的复习方法。

6.六年级。要让孩子养成边听、边记、边想的好习惯。此外，还要让孩子提高表达能力。在心理上，还要做好小升初考试的准备。

▲不同年级，规划要有所侧重

二年级上半学期期中考试后，女儿的班级召开了家长会。看到其他孩子的成绩都不错，孙女士为自己的孩子一阵担忧。为了搞清楚问题，孙女士单独找到了女儿的班主任。

孙女士："孩子平时学习也很努力，怎么成绩就不理想？"

班主任："确实，孩子学习很努力，但我觉得孩子似乎学得很累。"

孙女士："在家里做练习都会啊，生字、造句、改写句子、阅读……睡觉也很晚。"

班主任："我听孩子说，你让孩子每天都要写一篇600字的日记。"

孙女士："是，但每次都写不好。"

班主任："二年级的孩子，作文要求的字数是三四百字，让孩子写六百字，太困难。"

孙女士："我这不是想督促孩子往前赶吗？"

班主任："可是，孩子再怎么努力都做不到，只会感到压力，毫无成就感。"

孙女士明白了。

是啊。不同年龄段的智力发展水平都是不同的，让一个二年级的孩子写600字的日记确实很难，孩子连基本的汉字都掌握得不多，又如何写长篇日记？幸亏没有让孩子写议论文，否则还不将孩子难死？

不同年级，规划的重点要有所侧重，以语文为例：

1. 一、二年级。这一时期，语文科目学习的主要内容是拼音、字、词、句。此时，妈妈的主要工作是引导孩子养成良好的学习习惯。比如：认真预习、专心听讲、规范书写、按时完成作业等。

2. 三、四年级。这一时期，是孩子整个阅读写作能力的重要奠定期。这一阶段，要让孩子不怕写作文，甚至喜欢写作文。要帮孩子形成良好的思维方式、培养美好健康的情感与心理认知。

3. 五、六年级。学习重点在于阅读能力，应重点提高孩子的概括能力、理解和表述能力；五六年级的作文，重点在于解决主题鲜明、立意新颖、重点突出、语言生动等问题。

# 层次不同，规划的实现也各异

同龄孩子之间的成绩往往存在一定差距，这是一种普遍现象。作为妈妈，在为孩子规划人生时，一定要根据孩子的实际情况，创造性地给孩子进行设计。要根据孩子的个体特质，因材施教，保证孩子能在自己的学习道路上有进步、有发展。千篇一律的规划设计，只会耽误了孩子。

王女士的女儿今年上五年级。看到其他孩子都报了数学班，她便也帮女儿报了数学班、跆拳道兴趣班。

女儿成绩一直在中上等，数学是强项，她似乎也特别喜欢学，强化她这方面的能力，也是为了她能在数学上有更好的发展。女儿问她："为何要报数学，为何不报英语？"王女士的回答是："你们班长都报了数学，你怎么能不报？"

王女士之所以要给孩子报跆拳道班，主要是为了锻炼身体。现在的孩子锻炼时间都比较少，只有利用暑假时间多做点运动。练练跆拳道，也有防身的功效。

世界上从来没有两片完全相同的叶子，也不会存在完全相同的两个人，每个人的人生轨迹也各不相同。看到别人报什么班，就给孩子报什么班，不仅不利于孩子学东西，还会耽误孩子的时间。

对于与众不同的个体，妈妈们就要适应孩子的不同发展需要，为孩子创造不同的发展机会。让孩子根据个人特点发展，是每个妈妈的责任。针对不同水平的孩子，就要报不同的辅导班。比如：如果孩子成绩中等，就报个提高班；如果孩子成绩优秀，就报个拔高班。如此，才能实现辅导班的最佳效果。

依据孩子的成绩对其学习进行规划时，要充分考虑孩子有哪些优势、哪些劣势，对症下药。那么，怎样才能做到这一点呢？简单而言，就是学会分析孩子的分数。成绩就是孩子学习的晴雨表，只有抓住每次的成绩变动，分析背后的原因，才能科学规划孩子今后的学习。

### ▲中等生学习计划

每个班里都会有中等生、优等生，而且中等生占据了学生人数的一半以上。这类孩子，一般对知识的掌握不够熟练，作业虽然也能完成，但效率不高；课文也能背会，但花费的时间长，且很容易忘记。他们的学习不踏实、成绩处于中等，但只要努力，就可以前进几名。如果你的孩子属于这类，在为他们制定学习规划的时候，就要注意了。

郭女士的儿子小明今年上五年级，成绩一般，但擅长写书法。他平时喜欢临摹名人字帖，在书店只要一遇到喜欢的字帖，就会买回家。

郭女士不太支持儿子的这一爱好，认为这顶多只能作为爱好，不能当职业来发展。因此，看到儿子总是练习书法，对学习却不怎么用功，她感到十分生气。

暑假里，为了提升儿子的成绩，郭女士特意给他报了数学和英语的补习班。每个班都要上一个月左右的课，需要到老师家里去。整个暑假，小明就在补习班中度过。补习占去了他的全部时间，根本没有时间练习书法。

儿子心中很不满，但郭女士有自己的想法："以后的学习，数学是关键，英语也是要经常用的。"

其实，现实生活中，很多妈妈都像郭女士一样，看到别人家的孩子都做规划，也张罗着给自己的孩子做规划。但他们经常会忽略一点：成绩不同的孩子，应该做出不同的规划。在为孩子规划人生时，必须从孩子自身的情况出发。

中等生在制定学习规划时，该从哪几个方面给予指导呢？又有哪些原则需要关注和遵守呢？

1.合理分配时间。中等生的时间分配最不好处理：一方面想跟上老师的进度，一方面又想努力提高弱科弱项。因此，在必要时妈妈要提醒孩子注意时间的合理分配，比如：完成作业的时间、消化课堂知识的时间、自我补习的时间、必要的睡眠时间等，保证孩子高效且持续稳定地将计划执行下去。

2.补足弱科弱项。弱科弱项是中等生感到最棘手的地方，也是他们最容易出问题的地方，但也确实是最能提高成绩的地方。因此，要引导孩子重视弱科的复习巩固。其实，弱科弱项是完全可以攻克的，只要使用正确的学习方法并加以强化，很快就能提高弱科成绩，继而从中等生变成优等生。

▲尖子生的学习规划

尖子生，是班里的优等生，他们作业做得好、能跟上老师的思路、敢于回答问题、成绩也不错。他们已经掌握了课堂的基础知识，规划的重点要有别于中等生。

看到同学们都在报辅导班，李红也想报个英语班。最后，妈妈给她的建议是：报个拔高班。因为李红的成绩不错，需要的是拔高。于是，李红报了这种性质的辅导班，结果思路迅速扩展，分析问题的能力也提高了不少。

尖子生需不需要做规划？答案是肯定的。即使他们成绩优秀，也需要规划好自己的学习，只不过他们的规划内容跟中等生的规划内容不同而已。

那么，怎样为尖子生制定学习规划呢？概括起来，一份好的学习规划大致包括三方面的内容：

1.进行自我分析。为尖子生制订学习规划，首先要引导他们进行自我分析。

（1）分析自己的学习特点。每个孩子都有自己的学习特点：有的记忆力强，知识点记得牢靠；有的理解力好，老师只讲一遍就能听懂；有的写作业快，但经常出错；有的写作业慢，却很仔细……针对自己的孩子，通过分析，看看他究竟属于哪种情况。可以让孩子仔细回顾一下自己的学习情况，之后找到他的学习特点。

（2）分析自己的学习现状。首先，要让孩子跟全班同学比，确定自己的成绩在班级中的位置；二是跟自己过去的成绩做对比，看看它的发展趋势。

2. 确定学习目标。学习目标是尖子生学习的努力方向，正确的学习目标能催人奋进，孩子就会产生为实现这一目标去奋斗的力量。没有学习目标，只能浪费掉学习的大好时光。学习目标要满足三个条件：

（1）适当。目标既不能定得过高，也不能定得过低。过高了，无法实现，容易丧失信心，使计划成为一纸空文；过低，无须努力就能达到，不利于进步。要根据孩子的实际情况，提出经过努力能够实现的目标。

（2）明确。学习目标要明确。如"今后要努力学习，争取更大进步"这一目标就不明确，而"数学、语文都要认真预习。数学成绩要在班级达到中上水平"。这样就明确了。

（3）具体。设定的目标要方便实现，比如：如何才能达到数学中上水平呢？可以具体化为：每天做10道计算题、5道应用题、将数学公式都准确无疑地背出来等。

3. 科学地安排时间。确定了学习目标后，要通过科学地安排、使用时间来达到这些目标。时间的安排，要符合三个要求：

（1）全面。在安排时间时，既要考虑学习，也要考虑休息和娱乐；既要考虑课内学习，还要考虑课外补充。

（2）合理。找出每天学习的最佳时间，如有的孩子早上头脑清醒，适合于记忆和思考；有的孩子晚上学习效果更好。要让孩子在最佳时间里完成较重要的学习任务。

（3）高效。引导孩子根据事情的轻重缓急来安排时间：刚开始做作业时，一般都精力充沛、思维活跃，为了提高效率，将重要的或困难的学习任务放在前面来完成，把容易做的题目放在后面。此外，有些细碎的学习任务，可以安排在零星时间，比如：记忆英语单词，可以在上学路上进行。

## 了解考试信息，才能有的放矢

　　面对大大小小的考试，只有提前掌握考试信息，才能做好临考准备，给孩子更好的指导，引导孩子合理地规划学习。例如，报考前要了解某中学的招生考试，看重的是综合能力，还是考试成绩？在数学或英语方面有没有特殊要求……尤其是体育类、艺术类的特长生，父母更要提前对相关信息掌握清楚，这样才能更好地指导孩子进行冲刺。信息缺失，只会让孩子走很多弯路，浪费掉大量时间和精力。

　　在小洁高三时，妈妈先为他做了一份备战高考每月大事时间表，结合家里的日历，把学习和生活时间综合起来运用。这样，不仅让妈妈做到心中有数，知道可以在什么时候帮孩子做点事情，不用整天耽误孩子的学习时间来询问；另外，孩子对每天、每周、每个月的学习重点都一目了然，就不容易忘记重点复习内容了。而且，妈妈还可以根据自主招生报名时间，提前为孩子准备好通用材料，让孩子更专注于复习。

　　临近高考，学生通常都很焦虑，小洁妈妈的做法，能给孩子营造更轻松的学习环境，缓解学习压力，使孩子更自如地应对高考。

　　每个孩子来到我们身边时，都是聪明可爱的，只不过各有各的特点罢了。

每个人的潜力，都会使他们成长为社会的栋梁。

现实生活中，他们往往会有不同的发展，根本原因还在于妈妈。孩子的成功和妈妈的影响有很大关系。要知道，只有妈妈悉心培养，孩子才会更健康地成长。

学校教育是孩子成长过程中必须经历的一个阶段。当孩子走进校园后，妈妈也不能懈怠。成功的教育需要家庭、学校和社会三方面齐头并进，虽然学校教育在其中发挥最重要的作用，但妈妈的配合教育也很重要。

说起孩子上学，妈妈们最先想到的一定是考试，从小学入学起，期中、期末、模拟考、升学考试……各种名目的考试数不胜数。很多妈妈只注重孩子的成绩高低，以此判断孩子进步与否。其实，这是不太明智的做法。

面对气氛十分紧张的考试时，孩子们在复习准备阶段就会绷紧神经。很多妈妈也跟着着急上火，想帮孩子一把，但又不知如何下手，生怕会适得其反。

合格的妈妈一定会在孩子临考的那一个学期，为孩子做好备考规划。在了解最新考试信息的前提下，给孩子安排好学习计划。那么，我们该从什么渠道获取这些信息呢？

▲千万不能忽视了家长会

为了便于家长了解孩子的学习情况，学校都要召开家长会。家长会上，班主任不仅会对成绩表现好的孩子做出表扬，还会向家长介绍成绩不好、表现差的孩子的实际情况。不管是表扬还是批评，老师的目的都是让家长更好地了解孩子的学习情况。

临近考试的时候，比如中考和高考，为了让家长了解更多的考试信息、协助孩子填好志愿表，学校更会召开家长会。对于这些会，家长一定不能忽视。

杨女士在一家超市做收银员，当天上的是下午班。想到请假还要扣工资，她便没有去参加家长会。晚上9点钟，杨女士下班回到家，女儿拿出一张表格，让她填写。

杨女士看了看，就开始填写起来，可是有几个空搞不清楚，只好打电话给女儿的班主任，询问表格该如何填。没想到，连续打了几个，电话都占线，一直等到10点，才打通了老师的电话。

杨女士从电话声音里听出了老师的不满，但人家也认真解答了她的提问。填完表格后，已经10点半，女儿看看她，不满地说："每次家长会你都不参加，你怎么就那么忙？"

杨女士笑笑说："请假要扣工资的，100元呢。"

女儿不看她，说："钱重要，还是我的学习重要？"

是啊，钱重要，还是孩子的学习重要？你有工作，其他家长也有工作，为何人家就能请假去参加孩子的家长会，而你却不能？这里其实根本就不是钱的问题，而是你是否重视的问题。

家长会上，学校会给出很多有用的信息，最好能获取一些书面资料，或用手机拍下来，回去后慢慢消化。那么，如何参加家长会呢？在这里，我们就给妈妈们介绍一些小技巧：

1. 带着问题和关注点。对老师来说，最难回答的问题莫过于："我的孩子在班上的表现如何？"因为老师和妈妈交流的时间有限，如果想立刻知道孩子的各种情况，就要提前想好问题和关注点。

2. 分享一些私人信息。如果孩子在最近一段时间刚刚失去了心爱的宠物，或家庭环境发生了变化……要将这些信息告诉老师，以便老师找到影响孩子成绩的原因。

3. 主动询问孩子的问题。如果孩子在学校过得不开心，当你听到孩子向你转述一天的不如意时，可以主动询问孩子的问题。

▲将网络充分利用起来

网络是获取信息的重要渠道。在网络上，每天都会更新很多信息，如果想了解关于孩子的考试信息，就要将网络充分利用起来。

网络的作用不可忽视，那么，哪些网站上可以查阅跟考试有关的信息呢？

1. 官方网站。最官方的信息当属各地教育部门的官方网站。不过，这些信息虽然最权威，有实际参考价值的信息少。但毕竟是官方网站，还是要关注的。此外，可以订阅当地教育部门的官方报纸，上面的信息都很权威。

2. 各门户网站。例如，新浪教育每年都会针对高考在第一时间发布相关信息。

3. 微信公众号。比如：当地家长公众号、高考家长圈公众号、高三家长圈公众号等。高考期间，后两个都可以关注；临近高考的时候，特别是三四月份时，要多关注当地的家长公众号，了解最新动态。

## Chapter 8

# 发展特长，对孩子的特长合理规划

# 让孩子知道自己的特长究竟是什么

每个人的性格上都存在长处和短处，肯定孩子智力上的优势，有助于孩子的智力发展。从心理学角度看，每个人的智力都有不同的优势，有人思维活跃，有人记忆力强，有人想象力丰富。妈妈要做的就是帮孩子用优势弥补劣势。对孩子的特长进行有效规划，首先就要让孩子知道自己的特长究竟是什么？

一次，高中数学老师给了每人一张纸，让他们把班上其他同学的优点依次写下来。学生写完后，她将所有人的纸都收起来。把每位学生的名字写在一张单独的纸上，下面列着每个人对这名学生所写的话。

周一时，每位学生桌上都出现了一张纸，上面写着其他同学写给他的优点。孩子们都感到很意外，说："我都不知道，别人会这么喜欢我。"马可·艾可隆德就是班上的一员。

几年后，马可·艾可隆德在战斗中牺牲了，当他的遗体被送回故乡时，那位数学老师和大多数同学都参加了葬礼。马可·艾可隆德的父亲对老师说："我觉得，有个东西，应该让你看看。"

他从口袋里掏出一个破旧的皮夹子，说："马可牺牲后，战友们在他身上找到了这个……"那是一张破旧的笔记纸——同学们给马可列举的优点的单子。

马可的母亲对这位老师说："从他拿到这张纸的那天起，就一直放在身边，把它当宝贝一样看待。"出人意料的是，在场的同学都还记得这张纸，他们不但都完好地保留着，还经常会拿出来读读。有的人把它放在皮夹里，有的人把它珍藏在结婚相簿里。

可见，对一个孩子来说，知道自己有优点有多重要。

每个人身上都有长处和短处，但眼光不同，结果就大不一样。很多孩子经常找不到自己的优点，一想到自己，先会说一大堆缺点，这样的孩子怎么可能自信呢？

在中国人旧有的观念里，为了防止自己骄傲，都会将自己的缺点多多显露，把优点藏起来。这样做，我们不能完全说不对，但依然有着明显的消极影响：不仅无法树立自信心，还会产生压抑感，只能夹着尾巴做人。

试想，如果一个人只能看到自己的缺点，总觉得自己一无是处，这样的人生还有什么意义？活着还有什么价值？只有当孩子觉得自己是天才时，他才会向着天才努力；只有自己觉得自己是英雄，他才更容易成为英雄。孩子找到何种感觉，他就会向着哪个方向努力。

只有看到自己的长处，找到自己的优势，才会建立起信心，对自己充满自豪感。里昂诺夫曾说："一切胜利始于对自己的胜利。"孩子学习成绩差，首先就要帮他克服自卑感，重新让他树立信心，使其战胜自己。妈妈要时常给孩子积极的反馈，给予他们表扬和鼓励，让孩子尽早消除不平衡的心理，信心十足地迎难而上。

### ▲不能一味地盯着孩子的短处看

很多妈妈都会犯这样的错误：不仅看不到自己孩子的优势，还会因此对他失去信心。

要知道，自尊、自信都来自对自身优势和自我价值的肯定。优势，就是孩子成长的起点，确认优势，是精神生长的开始。妈妈必须独具慧眼，准确地把握住孩子的成长点，主动为孩子创造条件，让孩子发展自我的个性优势，引导孩子用优势克服劣势，获得长效发展，不能一味地盯着孩子的短处看。

有位妈妈忧心忡忡地带着自己上高三的孩子来我工作室咨询，说："孩子自从上次月考后，就开始装病，说什么都要在家复习，不知道是为什么，就是不愿去学校上课。我觉得这样下去不行，可孩子不愿说出原因，只能来找您帮忙。"

我知道，孩子心里一定有个心结没打开，于是，我没有像往常一样直奔主题，而是对孩子进行了脑AT潜能测试。结果令人大为震惊：这个孩子看起来相貌平平，但十四项能力全都超出常规水平。

当他们得知这一结果时，孩子竟然流下了眼泪，她的心结终于打开了……原来，孩子在上次月考中没发挥好，被妈妈狠狠地训了一顿。孩子本来就是一个自卑、敏感的人，平时不喜欢说话。这次又挨了训，觉得自己拖了班级的后腿，不敢再去学校。

我笑着对孩子说："你知道吗，你比其他人都能力出众，以你的实力，绝对能考得比任何人都好。你的能力和智商这么强，为什么还自卑？"

孩子破涕为笑，重拾信心，答应以后都会到学校学习。在距离高考不到5个月的时间，她按照我给出的学习方案和计划，坚持执行学习训练。最终在高考中考出了578分，不到5个月，就提高了134分。

在惊喜之余，我们更应该思考，这个孩子为什么会成功？最关键的原因是她真正了解了自己，明白了自己的优势，增强了信心。心理上安定了，必然会全力冲刺高考。作为妈妈，我们首先要做的，就是让孩子明白自己有哪些优势和劣势，只要做到扬长避短，就能增强信心，制定出适合个人需要的学习计划和实施方案。

现实中，有些妈妈总喜欢批评孩子。孩子答错了问题，会说："你怎么这么笨。真是朽木不可雕也。"孩子遇到不会做的题，会说："你的脑子里都是糨糊吗？老师不是讲过这种题吗？"……孩子心里能不委屈吗？妈妈先给孩子植入"我太笨"的思想，孩子就会自觉认可，因此更不愿意开动脑筋，这必然会影响他智力的开发。

**▲通过点拨，让孩子清楚地知道自己的特长**

每个孩子都有特长，但由于年龄的关系，孩子可能并不知道。如果想让他知道，就要对其进行有效地点拨，让孩子知道自己究竟擅长什么。

多年前，在一家工厂有个 10 岁的小男孩。男孩渴望成为歌星，但是他的第一位师傅却评价他说："我听过你唱歌，你五音不全，唱不好。"

听了师傅的话，男孩感到很伤心，回到家后，扑进母亲怀里哭诉。母亲是一位淳朴的农妇，搂着儿子轻轻地说："孩子，你今天早上唱的歌比昨天唱得好听多了，我相信你一定能成为优秀的歌唱家……"听了妈妈的话，男孩的抑郁情绪一扫而空。他一如既往地唱着喜欢的歌曲，依然继续着自己的梦想。

后来，经过不断的努力，男孩成为著名的歌剧演唱家，这个人就是恩瑞哥·卡罗素。说起自己的成功之道，他说："是我母亲的点播，让我知道自己有音乐方面的特长，我才有了今天的成绩。"

放大孩子的优点是一种巨大的力量，不仅催人奋进，更能帮助不自信的孩子重新振作。妈妈应该注意发掘孩子的长处，要对孩子进行点拨和激发。比如：

孩子不会背课文，不要说他笨，应该鼓励他："这不是记忆力的问题，只要努力，课文很快就能背下来的。"

孩子遇到不会解的数学题，可以告诉他："你很聪明，你跟同学玩耍时，不是点子最多吗？"

孩子不会写作文，要对他说："你不是善于收集资料吗？将跟作文有关的资料整理到一起，写作文就容易了。"

如果孩子喜欢跟着音乐唱歌，而且唱得还不错，就可以让孩子多听、多唱。

如果孩子喜欢观察，就要鼓励孩子走出去，到大自然中多观察，提高观察的敏感性。

# 明确对特长发展做规划的目的

看到孩子喜欢唱歌，就让孩子学音乐；看到孩子喜欢涂鸦，就让孩子学绘画；看到孩子喜欢扭动小屁股，就让孩子学舞蹈。但给孩子报了名，真正能坚持下来的少之又少，多半都会半途而废。原因何在？因为，即使孩子们在某方面有特长，但妈妈忽视了特长发展的目的，他们根本就不知道为什么要让孩子去学？

生活中，经常会看到这种现象：

现象一：

看到其他孩子都报了舞蹈班，于是立刻给女儿报了舞蹈班。结果，女儿从4 岁开始学，学到 5 岁就不想学了，最终果断放弃。

现象二：

为了让孩子不输在起跑线上，从幼儿园开始就给孩子报了钢琴班，计划让孩子在钢琴上有所发展。可是，孩子学到二年级，课业增加，便不学了。

现象三：

为了让孩子保护自己，给孩子报了跆拳道，结果只学了两个月，就不再学习。

如今，很多妈妈都会为孩子报辅导班，会给孩子制定简单的特长发展规划。可是真正坚持下来的，又有多少？原因何在？其中一个重要的原因就是，没有明确规划特长发展的目的。只是为了让孩子学，让孩子玩，孩子没有兴趣了，就放弃。

没有目的性地学习，积极性自然就会受到影响。想让孩子的特长得到发展，就要进行合理的规划，设定合理的目标。不能为了学而学，要让孩子通过学习，具备一定的能力。不仅要让孩子有一技之长，更要让他们锻炼出抵御诱惑、克服困难、战胜坏情绪的能力，提高自律能力等。

任何孩子的特长都不是天生就具备的，比如：莫扎特很有艺术天分，但也不是生来就会弹钢琴，经过后天的不断培养，他的天赋才被发挥得淋漓尽致。

现在很多孩子都是"三分钟热度"，干什么都无法坚持，兴趣说没就没。事实证明，很多在工作中喜欢大发牢骚的年轻人，多半都是因为儿时没接受过耐力和恒心的训练。孩子在练习特长时，也要付出大量时间和精力，长年累月地付出，会很辛苦；每周都要风雨无阻地去上课，连大人都很难坚持下去，更何况是孩子。

**▲为孩子规划特长，一定要确定学习目的**

妈妈是孩子的镜子。要求孩子做到的，如果自己都不坚持，还如何教育、引导孩子？在特长班上，经常会看到这样一幕：

孩子坐在钢琴前一脸的不情愿，妈妈批评说："我花那么多钱给你报班，每周还要接送你来练琴，容易吗？你怎么能不好好练呢？你要是不愿意练，就不给你花这个钱了……"

妈妈说这种话，孩子会怎么想？想必多数孩子都会想：我本来就不想练，要不是你们逼我练，我才不来呢。

其实，孩子们并不知道妈妈为什么要让自己学这学那。甚至有些妈妈自己都不清楚，只是一味地跟风，生怕自己的孩子不如别人。至于根本目的，妈妈自己都没搞清楚，又怎么能怪罪孩子不好好学呢？一个人，只有确立了明确的目的，才会坚持行动；没有目标，何来行动和坚持。

世界上任何人都不喜欢做辛苦、枯燥的事情。妈妈把烦躁的情绪表达出来，就会传染给孩子，妈妈不知道为什么要学，孩子就更不知道了，那么孩子自然就会放弃。有时候，妈妈任由孩子的性子来，通常都是为了省些麻烦，但很容易错过培养孩子自我控制力和毅力的最佳时机。因此，在为孩子规划特长时，一定要给孩子确定清晰的学习目的。

### ▲培养孩子特长，其实是在培养他们的生活能力

学习钢琴是一个非常艰辛的过程，不光是孩子，妈妈也要付出同样的耐心、时间和精力。即使是郎朗、李云迪，从小也经历了枯燥的练习过程。因此，当孩子学习钢琴时，孙女士就早早做好了跟她一起磨炼毅力的准备。

孙女士小时候学过电子琴，知道练琴最考验人的耐力。所以她很有耐心，从来不烦躁、不抱怨，女儿练琴时她就坐在旁边，陪着孩子一起，跟孩子一起用心学习。

无论刮风下雨，孙女士从来没让孩子缺过课，女儿知道了妈妈的态度：做一件事就要认认真真做到底，坚持才是胜利。而且，老师在上课时，孙女士有时间也会旁听，并认真地做笔记，让孩子感觉到妈妈对这件事很重视，对老师也很尊重。

如果女儿受到动画片的诱惑，想放弃练琴，孙女士就会把加强自控力的好处告诉她。不管她能否听懂，只要她开始懈怠，孙女士就给她讲道理，直到她打消玩乐的念头。

孙女士也曾明确地告诉女儿：我不期望你未来能成为钢琴家。这样做的目的就是，让你体验学习一项特长的过程，从不懂到熟练，是个什么感觉，需要付出哪些艰辛，中途要忍受哪些乏味和寂寞。

培养孩子的特长，其实是在培养他们的生活能力。

学习一门技艺，不是特长培养的目的，那仅仅是一种手段而已。特长多的孩子，竞争力不一定就强。在培养孩子技能的同时，还要培养他们克服困难、战胜自我、抵御诱惑的能力，这对形成良好的品质至关重要。

特长也许无法直接为孩子带来竞争力，但只要他的内在品质和能力高于其他人，他就会不断努力坚持下去，逐渐学会控制自己、抵抗诱惑、独立解决问题。

# 合理规划孩子的特长发展路径

看到当年的"淘气包"长大后纷纷成了行业英才，为社会做出了巨大的成绩和贡献，这不禁让曾经的"好学生"自叹不如，让家长更是大跌眼镜。为什么这些"不争气"的孩子，长大后会取得如此斐然的成就？其中一个重要的原因就在于，他们的妈妈知道他们的特长，对他们的特长做了合理的规划。

在微信朋友圈中，经常会看到同学晒孩子的照片。牛丽丽是我的初中同学，经常会将女儿跳舞的照片发上去。每次看到她家孩子参加各种演出的照片，我都一阵感慨。

牛丽丽虽然文化水平不高，但非常重视孩子的学习。在女儿果果3岁的时候，她发现孩子喜欢上了跳舞，便给孩子报了舞蹈班。从那以后，孩子就走上了学舞蹈的道路。

为了女儿的学习，牛丽丽辞掉工作，过起了相夫教子的日子。每天她都要亲自接送孩子去舞蹈班，风雨无阻。女儿也不负所望，舞蹈确实跳得不错，学校或市里举办活动，总能看到孩子的身影。

每次女儿参加演出，牛丽丽都要跟着去，给孩子搞后勤，同时拍些照片发在朋友圈中。她说，这主要是为了鼓励孩子。每次看到孩子演出的照片，我都会点赞，作为对孩子的支持。

合格的家长不在于学历有多高，而在于对孩子的特长是否支持，是否给孩子的特长做了长远规划。

如今，报特长班的孩子有很多，可是很多孩子只坚持了几年，就不学了。或许是因为不再感兴趣，或许是因为觉得有难度，或者是因为学习紧张、顾不上……而事实告诉我们：如果想让孩子在特长上有所发展，就要对孩子的特长训练做好规划，不能过一天算一天。

### ▲强迫孩子，只能适得其反

不是所有孩子都能靠努力成为画家、舞蹈家、音乐家、书法家。如果孩子对这些没兴趣，家长却强拉硬拽，反而会扭曲孩子的性格，甚至引发本可避免的悲剧。因此，虽然绘画、舞蹈、音乐、书法等才艺可以帮助孩子获得一些好名声，但并不适合所有孩子。如果孩子成不了艺术家，就要寻找适合孩子的其他道路。

男孩很喜欢橡皮泥，用橡皮泥捏了不少小动物，摆在桌子上、床头上、柜子上。可是，妈妈觉得这些橡皮泥把屋子都搞脏、搞乱了，帮他收拾屋子时，一生气把它们全扔了。男孩大哭一场，连着好几天都不好好吃饭。

为了让儿子不落后于他人，妈妈给他报了围棋班，说是只要经过一年的学习，就能参加围棋比赛、过段。开始的时候，儿子还有些兴趣，每次都能主动去，也能跟上学习进度。可是，学了半年后，儿子就不想学了，说围棋很枯燥，自己不喜欢。

可是，想到自己已经为孩子交了半年的学费，中途退学又不给退学费，妈妈便逼着儿子去上课。结果，每次上课之前，娘儿俩都要拉扯一番。一个是不想去，一个是必须去……

每个孩子都有自己的特长，作为妈妈要善于发现，才能为孩子的将来做好准备。孩子不想学钢琴，也许是画画的小天才；孩子数学成绩不好，也许有一双巧手，能剪出多彩的纸工艺品……努力发现孩子的特长，更有利于将孩子培养成音乐家、科学家等。强拉硬拽式的学习，只会让孩子厌烦，事倍功半。

如果孩子不喜欢打乒乓球，就不要逼着孩子去学、去打；

如果孩子不喜欢跳舞，就不要逼着孩子去跳、去学；

如果孩子不喜欢读课外书，也不要逼着孩子去阅读，激发兴趣是关键；

如果孩子不喜欢听钢琴曲，就不要整天轮番播放。

### ▲根据性格特点来确定孩子的特长

让孩子多学一点特长是好事，可以让孩子感到快乐，但也会成为一些孩子的负担。如果教育的目的和方法不当，更容易适得其反。因此，妈妈在送孩子学习前，一定要先规划好孩子的特长发展，再按计划实施。

在很小的时候，小丽心中就有了一个音乐梦，幻想着自己能够像大姨一样登上舞台，吹一曲优美的萨克斯。可是，由于各种原因，她的这个愿望没有实现。在自己的儿子出生后，小丽就将希望寄托在了儿子身上，希望自己的梦想能在儿子身上延续。为了培养儿子对萨克斯的乐感，儿子一出生，小丽就购买了萨克斯管，并摆放在客厅的显眼位置。

小丽每天都要让孩子看看、摸摸，恨不得孩子一下子就能吹出优美的曲子。在儿子4岁的时候，小丽就等不及给孩子找了专门的老师。虽然价格很贵，但她也愿意。对于小丽的做法，老公表示反对，因为他觉得儿子才4岁，肺活量不够，怎么吹？可是小丽却丝毫不理会。

老师每次来了，不是让孩子听萨克斯音乐，就是跟孩子玩音乐游戏。小丽不理解，而人家老师说这是为了培养孩子的乐感。

**看到孩子无法吹奏萨克斯，小丽有些后悔了。**

不同年龄的孩子具有不同的特点，不同年龄的孩子适合学习不同的特长，一旦所学超过孩子自身的能力，不仅无法调动起孩子学习的兴趣，还会伤害到孩子。

要让孩子对某项活动产生兴趣，有很多方式和方法，不能一概而论，妈妈应根据自己孩子的特点和表现，因材施教。下面就给大家提供一些建议性的参考资料：

1. 学习小提琴的适龄期。演奏小提琴时需要站立，一手持琴按弦，一手执弓奏曲。年龄尚小的幼儿，手指发育还不完全，力量欠缺，无法拉出动听的曲子。所以，5 岁前不要让孩子学小提琴。

2. 学习钢琴的适龄期。敲击钢琴琴键需要足够的指力，太小的孩子不适合学。况且，年龄太小，孩子的认知能力还没有达到一定的水平，连五线谱都不认识，更别说听力分化、音乐感受力了。所以，2~3 岁时学习钢琴，是无法取得效果的；但从 6~10 岁开始学，想要成为钢琴家又太晚了。最好在 3~5 岁时让孩子先好好听些音乐，学会欣赏好音乐；从 4~5 岁开始，让孩子接触钢琴。

3. 学习绘画的适龄期。孩子在 1 岁多时，已经具备基本的"涂鸦"技能；2~3 岁时，开始对颜色、形状比较敏感；4~5 岁，能根据自己的观察，把现实中的事物画出来；5~6 岁时，可以画出自己认识的东西。这时，孩子的观察力、想象力、表现力都会有很大的提高。因此，孩子画画，从 2 岁半到 3 岁开始最好。

4. 学习戏剧的适龄期。要学习戏剧表演，需要锻炼全身的感官、机能，从发声、发音到形体练习，再到舞蹈、模仿等，都要广泛涉猎。一般从 3 岁起，只要有志于戏剧表演，就可以开始"专项培训"了。

5.学习棋类的适龄期。棋类学习比较适合 3~4 岁的孩子，只要他能分清黑白棋子，能看懂象棋上的文字，就可以学习围棋或象棋。不过要提升水平，还需要理解专业术语，所以最佳的学习年龄是小学三年级。

6.学习游泳的适龄期。要想让孩子学习游泳，无论大小，都可以学习。

# 扮演好角色，给孩子提供支持和引导

每个孩子，都有自己的特长，但需要妈妈的引导和培养。因此，在给孩子做特长规划时，一定要重视孩子的特长，只有多用心、多观察，耐心地引导，孩子的特长才能得到长足的发挥和发展，让孩子更出众。

世界著名的数学家、物理学家高斯小时候，是个特别让人头疼的孩子，妈妈经常为他的调皮而发愁。但是，有一天，老师发现他竟然是个数学天才。

这天，老师给学生们出了道数学题：

$1+2+3+4+\cdots+50=?$

大家都在拼命算着，可不到 5 分钟，高斯就给出了正确答案，表现出无与伦比的数学才能。

此后，老师为高斯专门制定了学习计划，帮助他走上了成功之路。

如果当初老师不重视高斯的才能，认为他是个捣蛋鬼，放在一边置之不理，数学界可能就会少了一位巨匠，高斯也不会成为世界名人。

孩子刚接触外界时，对任何事物都充满好奇，渴望满足自己的求知欲和审美欲。但因为个体存在差异，每个孩子对不同的事物都有自己的兴趣，比如，喜欢音乐的孩子，从小就对音乐敏感，甚至能唱准每个音符；爱好美术的孩子，不管什么条件，都能随手找到"画笔"和"画纸"，把自己的想法画出来；记忆力强的孩子，每读过一本书、看过一幅画，就会过目不忘；喜欢观察各种小动物的孩子，总能发现别人发现不了的新奇世界……

凡此种种，都是孩子天赋的最初体现，作为妈妈，我们不能对此熟视无睹，不能妄加评判，更不能横加指责，要耐心观察，深入挖掘他们的兴趣和天赋，因材施教，因势利导，让孩子根据自己的兴趣，积极、健康地发展。

### ▲孩子最需要妈妈的鼓励和支持

在培养孩子过程中，难免会遇到一些挫折和困难，这时，孩子最需要的是妈妈的鼓励和支持。要适当表扬孩子，只要夸得不太过分，就能很好地激发孩子的积极性；言过其实，只能让孩子养成骄傲自满的心理。

儿子小叶七八个月大时，妈妈就让他接触各种各样的事物，比如：音乐、绘画、机械玩具、象棋、英语等。有一天，孩子忽然喜欢上自然类纪录片，一换台就哭闹。

一般孩子很难对这类节目如此好奇的，妈妈抓住这一个细节，认为儿子肯定是有这方面的天赋，于是买来大量有关自然野生动物的画报、影碟，整天让孩子看这些东西。随着孩子的长大，吸收这类知识的速度越来越快，甚至还能头头是道地讲给别人听。

这位妈妈显然很在行，她先是让孩子广泛地涉猎各个领域，从中发现孩子最感兴趣的领域，结果证明，她做对了。当她发现孩子的最大的关注点后，就积极创造条件和环境，重点培养孩子的天赋，将其优势发挥到极致。

每个人的智能发展都不平衡，有强项就有弱点。有弱点不可怕，关键是能发挥最佳智能的最佳效果。只要充分挖掘潜能，就能取得惊人的成绩。

不要对孩子说"你能做好吗？"，要说"我相信，你一定能将这件事做好"。

不要对孩子说"这次考试能比上次进步吗？"，要说"我相信，你这次一定能比上次考试成绩高"。

不要对孩子说"你能将二胡拉好吗？"，要说"我相信，你一定能拉出美妙的曲子，受到同学的欢迎"。

不要对孩子说"连件衣服都洗不干净。"，要说"我相信，你一定能将自己的衣服洗干净"。

### ▲给孩子正确的引导和培养

发现孩子的爱好和特长，只是一个开始，重点还是后期的引导和培养。一旦找出孩子在某方面的特长，并确定下来，就要引导孩子把潜力释放出来。如此，就要制定长远规划，帮助孩子脚踏实地地发展、提高。妈妈要记住，为了让孩子更好地实现目标，孩子的特长发展一定要建立在全面发展的基础上。

盆盆是个8岁的孩子，在他4岁时，妈妈发现他对象棋很感兴趣，经常抛下玩具去大人们的棋盘旁"观战"。稚嫩的小脸上不时浮现着好奇与专注，让周围的大人们看了都忍俊不禁。

后来，妈妈给盆盆买了一盘象棋，在家教他下棋，渐渐地，盆盆的水平越来越高。每次有小伙伴来家里玩，他都要拿出棋盘跟人家对弈。上小学前，盆盆还主动让妈妈给他报了一个象棋兴趣班，不但热情高涨，下棋水平也突飞猛进，经常受到老师表扬。

盆盆在课余时间学习象棋，坚持了两年多，不仅棋艺大增，还锻炼了自己的意志品质，同时还学会了"以棋会友"，主动与人交往，不仅收获了快乐，也学会了正确面对挫折和失败。上三年级时，他参加了全市的中小学象棋比赛，取得了小学组第一名的好成绩。

孩子都有自己的个性，做妈妈要懂得因材施教，发挥孩子的优势。

1.如果孩子喜欢安静，容易发现日常生活中的小细节，一个人也能快乐地玩上几个小时。这样的孩子一般都有耐心，性格敏感、细致，观察力强，逻辑思维能力也优于常人，妈妈应抓住孩子严谨、较真的个性，让他参加围棋、数学等兴趣班。

2. 孩子喜欢唱歌，就让他学音乐。如果对富有旋律的声音反应敏感，经常会随着音乐唱和，甚至还会不停地手舞足蹈，说明他很有乐感。这类孩子通常说话都很早，喜欢模仿大人说话。他们的思维，需要通过声音来启发，适合学习声乐、钢琴、相声等。

3. 孩子喜欢动手，就让他学书法。有些孩子喜欢动手操作，很有耐心，能完成较高的技巧活动，如拆装珠串、汽车等。这样的孩子，只要正确引导，日后必会成为认真、细致的人。可以给他们报些手工方面的兴趣班，如编织、珠算、书法等。

4. 孩子喜欢模仿，就让他学表演。这类孩子喜欢到人多的场合，表现活跃，希望自己能成为主角。在孩子上幼儿园时，要跟老师沟通，适当给孩子一些表现的机会。孩子在正式的公众场合获得认可，会更加自信。他们适合上表演、主持、舞蹈等兴趣班。

5. 孩子喜欢打闹，就让他学武术。有些孩子好动，注意力不集中，但精力旺盛，喜欢跑跳，比其他孩子更早学会爬和走路。这类孩子是触觉学习型的，动作协调能力较强，可以报跆拳道、武术、游泳等兴趣班。

6. 有些孩子喜欢给洋娃娃穿漂亮衣服，或是喜欢挑选衣着服饰，对穿衣服较为挑剔，通常都有较高的美术天赋。可以让他们学学绘画、雕塑，或参加儿童模特队等。

# 妈妈的意愿，不一定真的适合孩子

为了让孩子获得一技之长，很多妈妈都会想当然地为孩子报特长班；而选择特长班的依据很多时候竟是父母自己的意愿。想让孩子成为画家，就让孩子学画画；想让孩子成为歌星，就让孩子学唱歌；想让孩子当明星，就让孩子学主持和舞蹈……很少有人会真正问问孩子究竟愿意不愿意。须知，妈妈的意愿，不一定真的适合孩子。

前阵子有网友把孩子的简历晒了出来，让一众大学生都自惭形秽，因为简历的主人还是个上幼儿园的娃娃。

这位小朋友从2010年就开始接触瑞思课程，现已完成Pre—K、K、Pre—Rise三个阶段的学习，开始进入S1学习阶段。仅这些专业术语，就看得人一愣一愣的。而且，这位"超人"小朋友还学习了武术、轮滑、钢琴等，钢琴课程还是由中央音乐学院的老师一对一授课。

这简直是教育的末日。

很多妈妈都喜欢"拔苗助长"式的教育，认为自己的孩子就该成为小超人。于是，不管孩子是否喜欢，先把他塞进培训班再说。于是，在我们身边就出现了一批又一批在强化训练中快速成长的孩子。

郭女士是个职场高管，女儿出生后，她希望女儿也和自己一样优秀。于是，在很小的时候，女儿就开始上各类辅导班、特长班。女儿也很努力，最终考上名牌大学，顺利完成学业，到一家律师事务所任职。

可是，由于孩子其他能力有限，无法胜任工作，甚至无法处理好事务所的人际关系。受到巨大落差打击后的女儿跟妈妈说想到乡下支教，郭女士这才意识到问题的严重性。

在我们身边，从来不乏这样的妈妈，孩子明明不是做将军的料，却非逼着他上前线，到头来，妈妈美滋滋地满足了自己的虚荣心，孩子却承担了难以承受的负担，成为现实竞争场上的炮灰，失去了应有的自由和快乐。

这种妈妈通常都有两个特点：第一，他们有很强的虚荣心；第二，忽视了对孩子人生观、价值观的培养。把个人意愿强加在孩子身上，本身就是一种自私的体现。

人各有志，应各尽其才，孩子也是一个独立的个体，将来会从事什么工作、走怎样的人生，都不应该是妈妈们主观决定的。重要的是教会孩子如何做人，孩子身心是否健康，是否具备独立生存的能力。

### ▲不尊重孩子的自主性，只能因小失大

孩子的自主性从出生的那天开始就存在于孩子体内，这是身为动物的本能。即使是猫狗，你拿东西去喂它们，如果它们不愿意吃，也会表现出拒绝的姿态。你强行喂食，它们必然会咬你一口，或者抓你一把。但在现实中，多数妈妈都没能有这样的觉悟，不懂得尊重孩子的自主性，结果因小失大。

连续几个周末的早晨，女儿都说自己肚子疼，不得不停了几节钢琴课。

开始的时候，王女士以为是因为前一天吃错了东西，就带着女儿到医院检查。结果，什么问题都没有。回到家，孩子一下子就好了，还一边吃零食一边看电视。可一到下个周末早上，同样的事情又会上演，直到偶然看到女儿的日

记，王女士才明白个中原委。

女儿在日记中这样写道：周末大家都在玩，我却要上钢琴课，好累。好想睡个大懒觉，然后看电视、玩儿两天。但妈妈说上钢琴课是为我好，可我一点都不觉得弹钢琴好，为什么其他同学可以自由自在地玩耍，我却不能。我打算装病骗他们，虽然这样做不对，但这是唯一的办法。

看到女儿这样，王女士很生气："刚上二年级，就开始装病骗我了，你说多气人。"

孩子是小，但不代表我们不用尊重他们的想法。只要是合理的需求、恰当的爱好、正当的想法，就应该尊重。即使孩子的思想和行为不成熟，也应该充分理解和尊重，在不伤害孩子自尊心、自主性的前提下，引导孩子接受自己的想法，并为之付出行动，而不是粗暴地通过指令，强迫孩子做一些他们不喜欢、不感兴趣的事。

**▲思考孩子的特质、意愿，妈妈的想法只能作为参考**

要学会赏识、尊重孩子的意愿和想法。很多时候，即使孩子说得不对，也不要嘲笑、不要打击，总让孩子按照妈妈的意愿来做事情，只会压抑孩子的天性。妈妈和孩子的内心世界不同，随着年龄的增长，孩子会有表达自己意愿和想法的冲动，要鼓励孩子表达自己的意愿，并试着去理解他们的内心世界。

周末，晓峰和妈妈去公园玩，他想玩划船。妈妈觉得两个人力量太单薄，肯定划不动，就不同意。

晓峰不依不饶，大声哭闹。妈妈问："怎么办？咱们两人力气小，肯定划不过去。"

晓峰一听，连忙说："我们可以和别人组合，再让多点人加入，不就可以了吗？"

妈妈一听，拍拍儿子的脑袋说："这个主意不错。"

之后，妈妈和晓峰一起来到划船的地方。不一会儿，就找到一对母女组合，四个人一起高兴地坐上了小船。

在帮孩子做出人生选择之前，一定要仔细思考孩子的特质、意愿，妈妈的想法只能作为参考。如果孩子的潜能可以表现出来，而他又有这方面的兴趣和志向，就要尊重他们的选择，鼓励孩子朝着自己的目标努力，全面拓展自己的能力。

自主选择，是孩子成长过程中必不可少的动力。面对自己的选择，孩子才会愿意付出更多努力，做事才会更积极主动，聪明才智才能更好地发挥出来。妈妈要相信孩子依靠天性做出的选择，相信孩子的选择能力，相信他能选择好。即使孩子一时失误，也不要求全责备。

Chapter 9

# 从小开始，帮孩子做好职业规划

# 孩子的职业规划，最好从幼儿园开始

孩子的职业规划，从何时做最合适？幼儿园。不要等到大学毕业后孩子找不到工作了，才后悔当初没有做好规划；不要等到孩子填报高考志愿时，才焦虑孩子究竟要学什么专业；不要等到初中毕业时，还不知道究竟是报普高还是职高？所有的规划，都是越早越好。

一位日本母亲就在她的小女儿身上实践了这种理念，最终把女儿培养成了对社会有用的高级人才。

这位母亲有很高的学历和大公司就业背景，成家后就像很多的日本女性一样在家相夫教子。女儿从小就显示出聪慧、情商高的特点，在幼儿园里很受老师和同伴的欢迎。在女儿很小时，母亲就有意识地让女儿尝试各种感兴趣的活动，并且细心地观察做记录。

有一天，女儿突然对母亲说："妈，我长大后要成为一个外交家。"

母亲好奇地问："你怎么突然想到去做外交家呢？"

女儿很认真地说："我在电视上看到 XX 阿姨，她是个外交家。我记得老师跟我们讲过，外交家就是专门代表国家跟其他国家代表讨论国家事情的人，可以到很多国家，接触很多优秀的人。我也想做这样的工作。"

母亲很重视女儿的话，通过查找资料，知道了在日本成为外交家的具体方法和途径。结果发现，在这个等级森严的社会里，外交家都来自某几所大学，而这几所大学的生源都来自附近几个地区的高中，而这几个区的高中生又来自对应的初中。而她们所在的地区恰好不是这几个相对应的初中所在的校区。

母亲和先生商量了一下，做出了一项重大选择：为了女儿的梦想，全家搬到与其对应的初中所在的地区。于是，先生辞去工作，在新城市换了一份收入低些的工作，而母亲则放弃了自己原本熟悉的生活环境。

女儿顺利地转入当地的一所小学，小学毕业后就能直接进入那所初中。女儿靠着自己的努力，一路前进，最终以优异的成绩考进了理想的大学，攻读外交专业。毕业的时候，她已经能够熟练使用三门外语，具备丰富的外交部实习经验，还到十几个国家游历过。

故事就到此结束了，至于这位女孩今后的发展情况如何，其实并不重要，重要的是我们是否能从这个案例中获得一种启示：我们该如何为孩子的职业发展和人生发展去探索和思考？

很多人都知道职业规划的重要性，但大部分人却认为，这应该是孩子上了大学或就业准备时需要做的事情。错！现实中，每到高考结束后，很多毕业生都不知道自己报什么专业、就读什么学校。多数情况下，都是妈妈和老师替他们做决定。而老师和妈妈的决定一般都是根据专业的热门程度来决定，为了避免这种情况，就要从幼儿园开始，为孩子做好职业规划。

### ▲引导孩子了解自己喜欢的职业

职业的良好发展，可以让孩子不断认识自己，促使个人潜力在职业的平台上得到充分展现。而对于人生意义和价值的深入思考和探索，更可以促进孩子不断开发内在潜能，更好地加速职业能力的提升。

有时，我会发出这样的感慨：

在我们这个传统国度里，为什么人们都只盯着自己脚下的方寸之地？

为什么妈妈喜欢为孩子做各种决定，从不考虑孩子的人生只有他自己可以负责的道理？

为什么学校都在片面地追求升学率，很少有老师会告诉学生该如何思考过一种合理的、有意义、有价值、有尊严的人生？

这是我一直在苦苦思考的问题，也是大家需要思考的问题。

很多人给孩子灌输的成长理念就是：好好学习、考上大学。考上大学干什么？不知道。结果，孩子们找不到人生目标，缺少前进和发展的动力。

不管是体育明星，还是艺术家，哪个人不是从小就开始培养、锻炼的？比如：奥运冠军张怡宁，5岁就到体校学打乒乓球了……要想让孩子走向成功之路，就必须从小进行职业规划。

其实，在孩子很小时，就已经有了朦胧的职业梦想。为了让孩子更靠近自己喜欢的职业，就要引导他们了解自己喜欢的职业需要具备哪些素质，之后在日常学习中有意识地进行培养。

### ▲职业规划的改变也是一种成长

每个孩子的职业规划都不是一成不变的，随着孩子兴趣爱好的改变，他们的职业规划也要做出相应的改变。妈妈一定要重视这个问题，因为职业规划的改变，对孩子来说，也是一种成长。

5岁的时候，女儿的理想是当个舞蹈家，因为她喜欢跳舞。

7岁的时候，女儿的理想是成为像她语文老师一样的老师，因为她很喜欢自己的语文老师。

10岁的时候，女儿的理想变成了人民警察，因为她觉得穿着警服的女人很帅气。

15岁的时候，女儿的理想变成了影视明星，因为她非常喜欢赵丽颖的电视剧。

18 岁的时候，女儿的理想又发生了改变……

有些妈妈表示疑问：孩子会变，可能过两天他不喜欢当科学家了，要当运动员，怎么办？这是孩子的一种选择。这种改变，也是一种成长。每次的改变，既是孩子对这一职业认识的加深，也是对自己认识的加深。

# 职业规划，离不开孩子的关键期教育

每个妈妈都望子成龙、望女成凤，希望自己的孩子将来能成功。那么，如何才能让孩子实现自己的职业规划呢？其实，只要把握住教育的关键期，引导孩子逐步突破、逐渐实现，积少成多，就会发生质的飞跃。

有这样两个故事：

故事一：

研究发现，人类的智力、能力、习惯等都存在一定的培养关键期。印度狼孩卡玛拉 8 岁时，人们从狼窝里发现了她。可是，由于多年以来她都是跟狼生活在一起，她的脾气秉性和生活习惯都与狼群一模一样，比如：不会直立行走，只会爬，过着白天潜伏、夜间活动的生活；到了午夜时分还会嚎叫，完全不懂得人类的语言；只吃生肉，只会匍匐在地上用牙撕咬，不会用手去拿。

为了让卡玛拉恢复人性，科学家们对她进行了努力的教育和训练，但效果却很微小。花费了 2 年多时间，她才学会站立；花费了 6 年多时间，才学会走几步路；花费了 4 年时间，只学会 6 个单词；直到她 17 岁去世，智力、能力也才达到正常人类 2 到 3 岁孩子的水平。虽然人们想方设法地给她良好的教育，但由于错过了行为培养的"关键期"，她始终都无法养成良好的行为习惯。

故事二：

第二次世界大战时，日本兵横井庄一逃入关岛丛林，结果独自生活了 28

年。在这漫长的日子里，他过着野人一样的生活，由于长时间不使用语言，表达能力逐渐退化；由于生活环境改变，生活习惯也随之改变。28 年后，他成功获救。之后通过不断的训练，重新适应了人类的生活。

从这两个案例中可以看出，关键期有多么重要。第一个故事告诉我们，一旦关键期的正常行为发展受阻，以后的发展也会遭遇障碍，这种障碍消除起来也是十分困难；第二个故事则说明，只要我们在"关键期"施以正确的教育，后天即使遭遇发展障碍，也可以通过训练重新回到正常状态。由此可见，成长关键期，会影响一个人的一生。

所谓教育"关键期"，就是教育敏感期、临界期，即所谓的最佳年龄期，也是最佳的学习时期。也就是说，在这个年龄段，对孩子进行行为习惯的培养，效果最显著；对孩子实施的教育，多半能事半功倍，如果错过了这个时期，想收获好的教育成果，就比较难了，有时甚至会终身都无法弥补。

实验证明：在早期发育过程中，动物身上的某一种或一组行为，会在某一特定的时期内形成，错过这个时期，就很难形成同样的行为习惯。这样的好"时机"，就是我们所说的"关键期"。把对动物的实验引申到人类儿童的教育发展中，可以发现，"关键期"对于人类智力、能力、习惯的培养，同样有着重要作用。

### ▲ 6 岁以前的孩子职业规划教育

1935 年，奥地利生态学家、诺贝尔奖获得者洛伦茨做了一个实验，发现小鹅在孵化出的一两天内会自觉追逐它们看见的第一个活动物体。不管是母鹅，还是人类，都会将这个习惯长期保持下去。但若小鹅在孵出后的这一两天内，不与任何活物接触，之后无论是遇到母鹅，还是人类，都不会出现追逐现象。经过多次实验，洛伦茨将这种不需要强化的、在一定时期内才能形成的反应称作"印刻效应"，也就是说，某些能力的发展必须在某个特定的时期进行。

每个人的成长都是按照一定秩序进行的，都要经历一个循序渐进的过程。

对孩子的教育和培养，也应该是有序进行的。如果妈妈的教育不能按照教养的系统规律来进行，孩子的行为培养就会发生混乱。因此，妈妈为孩子设计职业规划时，必须把握好孩子的关键期，要根据孩子的年龄特征来制定计划，从易到难，由浅入深，按照科学程序做出具体的时间和内容规划。

根据这些要求，6 岁以前的孩子，最应该培养以下方面的好习惯：

1. 婴幼儿时期。孩子在 1~3 岁时，都很天真，思维和人格都还没发展起来。这个时期的孩子，最需要的是来自妈妈的爱与照顾。这时候，妈妈们要多向孩子表达自己的爱意，让孩子充分感受到来自妈妈和家庭的温暖，满足他们对安全感的需要，孩子自然会健康成长。

2. 学前时期。学前时期孩子就已经有了自己的想法，希望别人认可自己。这时候，给孩子安排一些固定的课程，有利于孩子的成长。这时，不要让孩子接触太过复杂的课程，否则会让孩子备受打击，以致产生厌学情绪。此时，关键要培养孩子的想象力和创造力。

### ▲ 6~16 岁的职业规划教育

6~16 岁的孩子，应重点培养自信、独立、勤勉、自制、适应性强、自主学习的好习惯等。在对这一阶段的孩子进行职业规划时，妈妈们要抓住的关键期有这么几个：

1. 小学时期。小学阶段，意味着孩子开启了一段新的人生之路。这一时期的孩子比较敏感，会很快体会到来自生活和学习的双重压力，心理承受力不强的孩子，就会出现逆反心理或者自卑情绪。如果妈妈过度地干预孩子的生活，反而会加重他们的厌恶心理。所以，应该放下长辈的架子，试着跟孩子做朋友，充分了解孩子的烦恼，以"过来人"的身份给他们提供建议。

2. 中学时期。中学不但是孩子在学习上的分界点，还是生活上的分水岭。这时，孩子们已逐渐拥有了全面的自我意识，还建立起了具有个人特点的思维方式。此时，也是他们开始面对人生选择和生活考验的时期。在这一阶段，妈妈们要引导孩子学会独自面对生活的挑战。

# 帮助孩子了解不同职业的性质和特点

在孩子小时候，很多妈妈都会问他们："长大想做什么？"这时候，孩子就会给出各种各样的回答："我要当宇航员""我要当医生""我要当科学家""我要做明星""我要做律师"……但是若问孩子，宇航员是干什么的，医生的工作包括什么……相信大多数孩子也很难说明白。因为他们根本就不知道所谓的宇航员、医生究竟是干什么的、他们的职业性质和特点是什么？孩子不了解各职业的性质和特点，也就无法正确认识自己未来想做的工作。智慧的妈妈一定要让孩子搞清楚，孩子理想中的职业是做什么的。

小童从小就喜欢玩积木，上小学后更是有了长大要当建筑师的梦想。小童妈妈听了孩子的这个愿望后，没有把这当成孩子一时的兴起，而是开始为孩子规划成为建筑师的路。

小童妈妈从朋友那里了解到，要当建筑师首先要具备绘画技能，为以后画建筑设计图打基础。于是妈妈就给孩子报了绘画班。平时到装修精美的饭店吃饭时还会跟孩子讨论饭店的装潢设计。甚至，平时家里添置家具时都会考虑小童对家具摆放的意见。就在妈妈这一系列的耐心引导下，小童一步步，从小学到大学，最终实现了自己当建筑师的梦想。

在我们身边，这样的案例有很多，如果妈妈们都能准确把握孩子的职业启蒙黄金期，努力对孩子的特点、爱好、性格予以分析和挖掘，找到真正适合孩子的职业发展道路，孩子未来的职业定向一定会少许多迷茫，少走许多弯路。

几乎所有的孩子在儿时都会听到这样的问题："长大后，你想做什么？"作为妈妈，要想让孩子明白这个问题的含义并得到满意的答案，就要带他去了解更多的职业特点，体验不同人生。要让孩子看看厨师、教师、医生、司机、农民、企业家……他们每天都在忙什么？要想成为他们中的一员，还需要学习和掌握哪些知识、技能？

在孩子 6 岁时，妈妈们就要有意识地对孩子进行职业意识培养，让孩子们开始认识、选择自己将来要从事的职业，并为其做好知识、技能等各方面的准备，比如：参加各种职业体验活动、志愿者活动、兼职活动等。如今，大多数学校都缺少这方面的意识，只是在一些中学和大学开展过有关职业发展的活动，但也比较少。如果孩子想对今后想从事的职业有所了解，并主动寻找动机和目标去学习，还是要靠妈妈引导。

作为妈妈，我们该如何引导孩子找到合理的职业定向呢？孩子在 6~8 岁时，对职业和工作还没有清晰的概念，分不清角色与职业的区别，他们眼中的职业都是根据自己的性别、生活环境、看过的书和电视来进行定位的。例如，男孩会想当超人、大侠、总统等；女孩就希望成为老师、医生、模特等。妈妈的任务就是要引导孩子了解不同职业的性质和特点。

### ▲多跟孩子探讨职业问题

每个人小时候都有属于自己的梦想，出生于 20 世纪 80 年代的我们，很多女生都崇拜老师、军人和医生，总觉得这些职业都特别高尚神圣，幻想着自己长大之后也能成为他们中的一员。可是，那时候的我们根本就不了解这些职业的性质，只知道老师是教书的、医生是给人看病的、军人是保家卫国的……为何会有这样的偏差，因为那时候的父母很少会跟我们讨论职业问题。

在给孩子正式介绍各种职业之前，孩子们根本都不知道什么是职业，职业的性质是什么。

女儿小时候偶尔会问："妈妈，你每天都在家里，没有工作吗？"

我对女儿说："妈妈是图书作者。"

女儿接着问："图书作者是干什么的？"

女儿的问题，我不知道怎么回答。

之后，我便找了一些资料，对孩子进行了职业启蒙，让她了解各个职业的性质。

为了让孩子了解不同的职业，我经常会跟女儿谈论自己和亲朋好友的职业。比如：他们是怎么工作的；工资收入是多少；有什么工作特点；是长期在室内办公，还是要经常出差；要达到哪些知识水平要求，需要有哪些教育经历等等。通过与女儿的讨论，加深了她对各种职业的了解，她知道每种职业都需要付出怎样的努力、会获得多少报酬。

社会地位高、薪酬高的职业，孩子一般都向往。但只有让他们明白这些职业背后需要付出的努力，才会提高孩子的认识。虽然这一点似乎妈妈们都知道，但真正能了解辛劳程度的人并不多。

比如，投资银行的员工每周要工作 80~100 个小时，而且要高度集中注意力，相对于每周 40 小时的普通工作而言，时间增加了一倍多；律师很赚钱，但优秀的律师每天都要工作 10 小时以上，工作到深夜都是家常便饭；医生是白衣天使，但无论走到哪里，必须 24 小时带着呼叫器，以便随时被呼叫回医院。所以，在孩子选择当医生、律师之前，要让他们做好思想和能力的准备，明白那究竟是不是自己想要的生活。

在职业选择上，我们不应只考虑金钱问题，还要关注孩子的个人兴趣和能力。只有孩子了解不同的职业特点，学会自己评估，增加思想认知，改善知识结构，对自己和环境都有了充分了解，才能逐步确立准确的职业目标。

### ▲带孩子去妈妈工作的地方看看

很多时候，孩子之所以不理解大人的工作，一个重要原因就是，根本不知道妈妈是在哪里工作的、工作状态如何？因此，他们也就缺少对工作的具体感悟。

为了让孩子了解不同的工作性质和特点，在工作方便的时候，完全可以带着孩子到你工作的地方转转。

由于工作的关系，我经常会带着女儿去工作室。女儿长期耳濡目染，也就知道了：在工作场所，需要保持安静，说话要小声。同时，她也看到了我们的工作状态。如果遇到很忙的时候，简直连话都顾不上说。因此，女儿更理解我们工作的不容易。

为了让孩子了解不同的职业性质，可以设定一个特定的"带孩子上班日"，让孩子去看看你工作的地方，体验妈妈的工作和环境。那么，具体该如何做才更有效呢？

第一步：亲自观察，让孩子亲自观察一下你的办公环境和工作运作流程。

第二步：亲身体验，让孩子动手试试，做一些简单的工作。

第三步：让孩子说说自己的体验感受。

第四步：带孩子跟同事们聊聊，让他们说说自己的工作状态。

回家后，要及时与孩子交流当天的所见所感，看看孩子对你的职业有什么疑问和看法，还可以趁此机会跟他传授一下职场礼仪，让孩子体会工作氛围与生活环境的不同。

# 与孩子多沟通，引导孩子确定职业目标

如果想成就一番事业，首先就要确定一个明确的奋斗目标和方向。

沙漠中，没有方向，只能在原地打转；生活中，没有目标，只能过着重复、碌碌无为的生活。在沙漠中找到方向，就找到了生机；在生活中找到了目标，就有了前进的动力。同样，对孩子来说，要获得更好的成长和发展，首先就要树立正确的人生目标。妈妈要对孩子做出正确引导，帮孩子寻找、确立人生目标。

20世纪50年代，有位女游泳运动员，决定挑战横渡英吉利海峡。为了实现这一愿望，她每天都辛苦地练习，每天都在为历史性的一刻做准备。

这一天终于到来，在众多媒体记者的注视下，她满怀信心，一跃入海，向着英国方向进发。旅程开始的时候，天气非常好，万里无云。她感觉非常不错，坚定地向目标挺进。可是，随着时间的推移，她在海面上游的距离越来越长，四周只有茫茫的大海。当她就快接近英国海岸时，忽然起了浓雾，越来越浓，渐渐地，她什么都看不到了。

她茫然地环顾四周，辨不清方向。她心里默默地感慨，海岸离自己这么远，何时才能上岸？她越游越心虚，体力也渐渐减少，最后只能宣布放弃。

很快，她就被跟在后面的救生艇救上船。救生艇飞速地向海岸奔去，没过一会儿，便到达了岸边。这时，她才知道，自己放弃的地方离海岸只有一百多米，她差一点就成功了，很多人都为她感到可惜。

事后，她遗憾地对媒体说："看到这个结果，我很难过。如果当时知道只剩下一百多米，我无论如何都不会放弃，一定会坚持到底，实现目标。"

对于我们来说，目标就是航行时的航向与明灯，没有它们指引，就无法到达成功的彼岸。

没有规划的人生，就是零散的拼图；有了规划，才叫蓝图；没有目标的人生，那是流浪，有了目标才具备生存的动力。人生苦短，多忙不重要，重要的是忙什么。精心设计人生，未来才会更美好；确立正确的人生目标，青春才会美丽，人生才会璀璨。

生活中，我们经常会问自己："生活是为了什么？"奥斯特洛夫斯基说："人的一生应当这样度过：当他回首往事时，不会因为碌碌无为、虚度年华而悔恨，也不会因为为人卑劣、生活庸俗而愧疚。"很多人之所以不知道这个问题的答案，就是因为他们没有给自己确立人生目标。

当然，想要让孩子实现自己的人生理想，一定要因材施教、因势利导、实事求是，以孩子的兴趣爱好为基本点，树立切实可行的目标和计划，不要逼迫孩子做自己不喜欢的事、无法胜任的事。过高的目标，很容易打击孩子的自信心；长期的打击和茫然，会让孩子看不到前途，实现个人理想也就无从谈起。

此外，为了保证孩子快乐、健康地成长，还要引导孩子形成健康的人生观、价值观。重视孩子的长远发展，就要把自己的眼光放长远，在引导孩子的同时，更新教育观念，努力提高自己的教育水平。同时，在引导孩子时，还要采取正确的方式与孩子沟通，沟通不顺，甚至强制执行，结果只会适得其反。

### ▲在恰当的时间跟孩子做沟通

妈妈们在与孩子沟通前，最好将时间选择在孩子希望与人沟通时，比如：孩子取得了好成绩，兴高采烈时，就可以鼓励他们分享出来；孩子遭遇挫折、受到伤害时，要主动关心、安抚他们；孩子做错事时，不要苛责孩子……此外，还要管理好自己的情绪。看到孩子偏离人生目标，很多妈妈都会出现失望、恼怒等情绪，言行过激，但事后又会感到后悔。因此，要想提高跟孩子的沟通效果，妈妈一定要管控好自己的情绪，选择好沟通时间。

孩子感冒咳嗽，不肯吃药，奶奶看着着急，说："难受成这样了，还不快把药吃了？"孩子不吃便走开了。

奶奶拿着药追上去，说："你吃不吃？再不吃，我就灌你！"看着面容狰狞的奶奶，孩子有点害怕。但是，看着奶奶手里的药，依然没有打算吃。

妈妈回来了，听了老人的"控诉"，温和淡定地对孩子说："宝贝，妈妈想跟你一起讨论下吃药这件事儿，我保证不生气，你愿意跟我谈谈吗？"孩子同意了。

妈妈问："对于吃药这件事，你是怎么想的？能告诉妈妈吗？"

孩子说："药太苦，我不想吃。"

妈妈肯定了孩子的感受："嗯，确实很苦。妈妈能理解你的感受。不过，我的感受和你有些不一样，你想听听吗？"

孩子点点头。

妈妈继续说："你不想吃药时，妈妈感觉很无奈，不知道该怎么办。我想找个咱们都能接受的解决方法，要不，我们一起玩个头脑风暴游戏，看看有什么解决办法？"

听到玩游戏，孩子兴奋地答应了。

妈妈找来本子和笔，写下头脑风暴的过程。

妈妈问："奶奶喂你药，你不想吃，一般都会怎么做？"

孩子："画画。"

妈妈在纸上写了两个字：画画。

孩子："还可以煮锅生气汤。"

妈妈："不过，还可以在锅里加点糖。"

孩子："还能加点蜂蜜，这样就不苦了。"

妈妈："其实，换种方式也能不苦。比如，吃完药后，吃颗冰糖。"

孩子："吃块巧克力也行。"

妈妈："看，我们一共想到了几个办法，现在选出一个咱俩都能接受的。"

孩子："煮生气汤。"

妈妈："吃冰糖。我们的想法不一样。"

孩子想了想，说："我选择吃巧克力。然后，在'吃巧克力'上打了个钩，在'煮生气汤'上打了个叉。"

妈妈："这一周都要吃药，先用这个办法试试，一周以后再来看看。"

孩子："为什么是一周？"

妈妈："要吃一周药啊。我去拿巧克力。"

孩子高兴地点点头，很快就将药喝完了。

在沟通过程中，妈妈承认了孩子有不同意见的合理性。但是，她发起了另外一个沟通的重要方式：协商。通过商量，参与规则制定，将孩子的主动性充分调动起来，事情解决起来就容易了。如果按照孩子奶奶的做法，到最后可能就真的只能灌药了；孩子也可能会极不情愿地在奶奶的"恐吓"下喝下了药，但是自尊心、自我价值感都会受到伤害。

妈妈的做法虽然需要花费一定的时间，但更有助于孩子的自我成长，不仅可以保护孩子的自尊心，还会将面对问题时的解决思路渐渐内化到孩子的脑海中。

### ▲认真倾听，善于倾听

倾听是增进沟通、促进理解、走近孩子的好方法。想关爱孩子，就要学会倾听孩子的话语，理解孩子对世界的认识和看法。

真正用心倾听孩子的心语，是平等地对待孩子的一种表现。孩子是独立的个体，如果妈妈总认为孩子的话无关紧要，总是任意剥夺孩子表达意愿的权力，不愿意倾听孩子的想法，那就很容易在亲子之间造成误解，让孩子觉得自己不被尊重，给孩子的心灵带来伤害。

　　放学后，妈妈去学校接小虎回家。一路上，小虎一直跟妈妈讲自己的事：他和谁闹别扭了；谁买了一个新MP3，他也想要一个；语文老师又批评他了……妈妈边走路，边毫无反应地听着。

　　突然，小虎的声音弱了下来，他小声说："妈妈，我差点忘了，老师让我们买新一期的《读写算》。"

　　妈妈一听，不耐烦地说："怎么不早说，现在已经过了书店啦。"妈妈不情愿地往回走。

　　儿子看到这个情景，赌气说："你走吧，我自己去买。"

　　妈妈生气地说："你怎么这么不听话。"

　　小虎也生气地回道："你听过我说的话吗？一点都不关心我，我真可怜。"

　　随着孩子一天天长大，他们的自我意识不断增强，就会更加渴望来自外界，特别是父母的认可。所以要想真正了解孩子内心的想法，平时就应该多听孩子的想法，让孩子觉得妈妈是理解他的。这样，当孩子遇到问题时首先就会想到跟妈妈沟通。

　　很多时候，即使妈妈提出的意见再好，孩子也不见得会接受，因为他们不需要"领导"来下达任务，需要的是"顾问"。妈妈们要细心聆听，然后帮他们做出选择，不要插手干预他们想要自己决定的事情。即使孩子确实将一件事情搞砸了，也不要直接干预、批评。妈妈要做的是帮助孩子检讨这件事，积极寻找解决问题的办法。要知道，孩子们常常能想出更让人拍案叫绝的解决办法。

# 带着孩子一起分析、判断、做选择

信息时代，职业分工越来越细，专业性越来越强，在孩子的职业规划问题上，妈妈必须更用心地帮孩子分析、评估。如果孩子在职业定向上跟你产生了分歧，不要着急、不要生气，要跟孩子平等地沟通。孩子虽然年龄小，但有自己的想法是值得鼓励的。同时，妈妈还要抽出一定的时间，给孩子做个专业的职业测评，跟孩子一起分析、研究、探讨。

寒假时，住在同一楼层的对门传来好消息：正在上大三的儿子还没毕业，就被一家大公司提前聘走。看到人家的孩子不用体验"毕业即失业"的煎熬，不用到人满为患的招聘会投递简历，我感到一阵眼热，如果这件事发生在自己孩子身上该多好。然而，我忽略了孩子妈妈背后的努力：

那孩子上高一时，他妈妈并没有像其他家长一样急着给孩子确定将来要读的专业，而是努力寻找孩子真正的喜好。通过一段时间的观察妈妈发现，儿子比较内向，做事细致，喜欢基因科学，喜欢研究自然界中的生物，还喜欢画画。

孩子上了高二，妈妈就开始为他的专长做投资。经过一年的观察，妈妈找到了孩子的喜好，之后就将"喜好"跟"专业潜力"联系起来。妈妈让孩子仔细为这两种喜好打分，选择其中一个作为"职业规划方向"，然后根据结果设定最终的"专业规划"。

到了高三，妈妈开始细分专业。妈妈花费了大量的时间和精力，研究了很多专业，经过详细的对比筛选，终于为儿子选择了适合的专业。

孩子明确了自己喜欢的专业，学习起来自然动力十足，也更加专心，最终考上了理想的大学，并提前被大公司聘用。

由此可见，每个孩子职业规划的成功，都离不开妈妈的精心参与。

深入了解孩子的特点，是妈妈帮他们规划职业生涯的关键因素。妈妈盲目左右孩子的职业选择，最不利于孩子的发展。有的妈妈有子承父业的传统观念，有的妈妈利用自己的人脉关系盲目给孩子安排工作，有的妈妈在帮孩子选专业时忽视孩子的兴趣、能力等具体情况，一味追求热门专业或当下看就业前景乐观的专业……这些做法都不十分明智。

在为孩子做职业规划时，妈妈们要从孩子的性格、气质、兴趣、能力等方面考虑，全面了解孩子；然后，再与专业的职业规划师进行探讨。

### ▲职业规划一定要符合孩子的能力

不同职业的工作性质、环境、内容也是不同的，需要相匹配的个人能力，因此在为孩子制定职业规划时，发现并把握孩子的优势非常重要。

看到主持央视春节晚会的主持人，马女士非常羡慕，想着如果自己的女儿也能够登台主持就好了。于是，渐渐地，她就将主持人当作培养孩子的目标。为了提高女儿的主持水平，她还给女儿报了辅导班。

其实，马女士的女儿从小就性格内向，不喜欢说话，喜欢看书。当她听说妈妈给她报了主持人班时，感到很无语。自己不喜欢在众人面前说话，怎么还敢登台主持？但是，即使心有不满，她也不敢跟妈妈讲，生怕一不小心惹妈妈生气。

结果，女儿只学了两个月就不想学了。辅导老师也跟马女士说，她女儿比较内向，上课不配合。了解了女儿的情况后，马女士果断停止了女儿的辅导课。

孩子在心理上过于执拗，有时候就容易夸大自己的能力，对自己的评价也不够客观，总希望自己可以干一番大事业，很早就想功成名就。于是，在自主选择职业时，他们就容易陷入唯大、唯名、唯热的误区；同时，他们会自告奋勇地承担超出个人能力的工作，误以为只有这样才能体现自己的人生价值，这才是成功。

然而，实际情况却会给他们带来很大的心理落差：一方面，热门行业供大于求，录用率更低，同时对应聘者的素质要求也会更高，使得竞聘上岗的人工作起来力不从心；另一方面，"热门"愈热，"冷门"愈冷，给产业结构调整带来不小的挑战，使更多人难于合理就业，致使职业定位更加不准确。因此，妈妈们在为孩子做职业定位时，要尽量把眼光放远，培养孩子脚踏实地的精神，根据孩子自身的能力制定计划，不能盲目自信，盲目追求成功。

如果孩子自主学习能力很强，就比较适合从事脑力劳动，比如科研、策划、设计、管理等工作。

如果孩子口头表达能力较强，则可以做教师、播音员、服务员、营业员等。

如果孩子的计算能力超强，可以从事会计、统计、出纳等职业。

如果孩子动手能力强，可以做服装设计师、雕刻家、钢琴家、打字员、外科医生等。

**▲根据孩子的性格，帮助他做选择**

案例一：

看到影视明星很挣钱，郭女士便给女儿设定了职业规划。在这份规划中，女儿要学习表演，要拍电视剧和电影。可是，女儿却不喜欢这样。而且，女儿比较内向，喜欢按照他人的指示来做事，根本就不适合做演员。

案例二：

看到如今很多人都在出书，很多小说还被拍成了电视剧，田女士决定让孩子长大后当作家。田女士很喜欢古言小说，而且现在又是古言热，决定让孩子以后就写古言小说。为了提升孩子的写作能力，田女士在网上给孩子购买了很多古言小说。可是，孩子根本就不喜欢看这类书，结果这些书都就成了摆设。

显然，一厢情愿地给孩子设定人生规划，效果不佳。

人与职业是否相宜，性格、能力都是重要因素，不同的职业要求不同的性格、才能，所以一个人的性格也对他的职业选择有很大影响。比如：

性格活泼的人，不喜欢遵循固定的模式，比较适合做演员、记者、推销员等。

喜欢按照固定方式和标准做事的人，就比较适合流程化的工作，比如：印刷、纺织、机械、装配等工人，以及会计、打字员等。

性格比较内向、喜欢按照别人的指示、计划来工作的人，比较适合在机关、公司做职员、秘书等。

性格比较独立自主，喜欢独立思考、独自决断的人，适合当律师、警察、企业老板等。

如果是喜欢劝服人，就适合做教师、辅导员、咨询师等。

如果喜欢表现，则比较适合做音乐工作者、演员、美术工作者等。

Chapter 10

# 刻不容缓，引导孩子终身学习

# 将终身学习的重要性直接告诉孩子

从孩子学会爬的那一刻起，他们就开始探索这个世界了。孩子天生就具备卓越的学习能力。学习，是孩子天生唯一要做的事情。不学习，就会被社会淘汰，而这也是孩子从出生那一刻起就要面对的。人类之所以能存活到今天，就是因为不断进化来适应竞争的环境。因此，要想让孩子具备终身学习的意识，就要将终身学习的重要性直接告诉他们。

小彦今年上三年级，学习任务比以前要紧张些，因此常常抱怨什么时候才能结束学生生活。

妈妈听到他的抱怨，就告诉他：有这样的想法不对。

周末，妈妈去培训班学习的时候，带上了他。小彦看着眼前的一幕，感到很纳闷：为什么这里的学生有很多是头发花白的老人，而且他们那认真学习的状态丝毫不亚于小学生。

妈妈告诉小彦：只有通过学习，才能不断更新自己的知识库，才能不断提高自己的能力。

当今社会已经进入知识经济时代，不学习就容易被淘汰。

这是高效学习的时代，随着社会的变迁，人们已经意识到终身学习的重要性。未来的教育趋势，必然会将终身学习作为新的教育理念和目标。孩子是国家的未来和希望，必须要引导他们认识到终身学习的重要性。因此，在孩子小时候，妈妈就要培养孩子形成终身学习的思想，让学习成为他们的生活习惯。

终身学习不仅是一种态度，更是一种学习方法，只有持续不断地学习，知识才能保持实用性和新鲜度。未来社会的竞争非常残酷，妈妈要有危机感，有意识地引导孩子建立终身学习观念，激发他们用足够多的知识来武装自己。

据英国技术预测专家詹姆斯·马丁测算：19世纪，人类知识的倍增期大概是50年；20世纪上半叶，缩短为10年左右；70年代时，进一步缩短为5年；80年代，几乎是每3年更新一次。同时，人类知识也在越来越快地老化，一个人掌握知识的半衰期从15世纪的80~90年逐渐缩短为19~20世纪初的30年；60年代进一步缩短为15年；到了80年代，仅为5年左右。

信息和知识的快速传播，给社会带来了深刻变迁，也改变了教育和学习的传统意义，人类俨然步入学习化社会。要想让孩子适应这种变化，跟上时代的脚步，必须引导他们不断学习，鼓励他们树立终身学习的观念。

**▲坚持终身学习，才能接触各领域知识**

古人云："活到老、学到老。"接受完学校教育，并不意味着可以在社会上生活得很好，也不代表你有很强的工作能力。随着快节奏生活的来临，知识的更替也在加速，社会竞争更是日趋激烈。要想让孩子不落在其他孩子后面，就要让他懂得终身学习的重要性。一定要让孩子知道：只有时刻充实、更新自己的知识，才能跟上社会发展的步伐，不被时代淘汰。

几天前，我看到这样一则新闻：

陆梦蝶15岁时身患顽疾，一度命悬一线。后来，她顽强地战胜了病魔，并考上了大学，走上了工作岗位。

陆梦蝶27岁时，旧病复发，导致下肢瘫痪，失去了工作。她在家里学会了剪纸，开办了"田野书舍"。

后来病情严重，医生断言她会双目失明。陆梦蝶毅然地开始写作，还出版了《梦随蝶舞》《偶是农民》等四部作品。

今天，陆梦蝶依然坚强地活着，既没有疯狂，也没有绝望，更没有死亡，所有的这一切都要归功于她坚强的意志和不懈的学习。

想要让孩子获得全面可持续的发展，终身学习是唯一的途径。

人的一生都应该不断学习，不同领域的知识也可以互相启发。而坚持终身学习，就能让孩子接触各领域的知识，将它们融会贯通，进而实现个人的全面发展、持续发展。

研究表明，即使是成年以后，也会出现身心的"知识危机"，同样要处理很多新情况、新问题。只有通过不断学习，才能持续发展下去。

▲终身学习也是个人成长的阶梯

一个人不学习无法立足于社会，一个民族不学习则没有希望。人之为人，是因为我们懂得学习；人类能走到今天，也是因为学习。要想让孩子未来的生活美满、幸福，要想让他们成为成功之人，就要鼓励他们不断学习。

小静今年上初三，她是个很优秀的孩子，有着强烈的求知欲。她觉得，生活中到处都有学习的机会，自己需要时时刻刻学习。小静之所以会有这种认识，跟她妈妈的教育有着直接的关系。

小静妈是一名普通会计，可是她每天都坚持学习会计的专业知识，经常感慨"一天不学习，就会落后"。有时走在路上，也会想着或聊着相关的问题，一旦发现自己有不明白的地方，回家后就赶紧查找这方面的资料。在妈妈的影响下，小静也养成了随时学习的好习惯。

妈妈通过自己的学习，逐步考取了初级会计师、中级会计师、高级会计师、注册会计师，职位也不断提高，待遇逐渐提高，不仅实现了自我成长，还改善了家庭生活。

著名的德国作家、诗人歌德说："人不是靠他生来就拥有的一切，而是靠他从学习中所得到的一切来造就自己。"想要成为"腹有诗书气自华"的人，唯一的途径就是学习。

只有坚持不懈地学习，养成终身学习的习惯，构建系统、完善的知识构架，培养独具一格的个人气质和魅力，才能实现更大的人生价值。

对于孩子来说，他们的一生都与教育、学习相伴，终身教育应该贯穿于孩子的每个时刻。从婴儿期到老年期，不同的发展阶段，需要接受不同的教育。作为妈妈，要想让孩子在将来的社会竞争中立于不败之地，就必须让他明白终身学习的重要性。

# 帮孩子找到目标并朝着目标努力

孩子的事情，妈妈是无法越俎代庖的，更无法事事替孩子做决定。每个人的人生都属于他自己，人生最重要的就是健康和快乐。要想让孩子养成终身学习的好习惯，就要引导孩子不断努力，找到自己的目标，之后朝着目标不断努力。如此，不断学习，不断进步，人生也就逐渐丰满了。

不知道未来是什么样子，就永远无法到达那里；没有自己的目标，人生只能被别人牵着走；不规划自己的未来，只能成为别人计划里的一颗棋子……世界的运转，永远都是满怀希望的人带领盲目无措的人飞奔，没目标的人只能为有目标的人服务。

儿子马上就要高中毕业了，他已经参加了两次 SAT 考试，第二次比之前的成绩提高很多，这个成绩可以保证他随意选择全美前 50 的大学。不过，如果想进入有名的常春藤学校，还需要孩子再加把劲。根据孩子的能力，还可以再考一次，而且可以达到进入名校所需的分数。不过，即使分数能达到，最后也不一定会被录取。

现在，我们不妨也来想一下：

如果这是你的儿子，该如何要求他呢？是为他做出选择？还是说服孩子为能上名校而努力？还是满足于现有成绩，转而增加他的社会经验和能力？

究竟是上名校更重要，还是让孩子轻松愉快地学习更重要？如果是你该如何选择？要不要替孩子做决定？

如果孩子不够刻苦努力，是接受现状，还是努力改变他们的想法好呢？

能否通过干预，改变已经读高三却不够刻苦努力的孩子？

妈妈的作用就是帮孩子找出自己的目标，然后朝着目标不断努力。

### ▲激发孩子的内在动机

美国斯坦福大学教育研究所教授威廉·戴蒙，在研究青少年品格发展和教育方面，是全球杰出学者之一。看到年轻一代浮躁不安、逃避做出承诺，他很心急。经过长期、大规模的研究访谈，他发现这些年轻人最缺乏的是目的感。我们先来看两个学生在写作文时的不同表现：

晓雪不喜欢写作文，她写作文的唯一原因是：作文得分高，总成绩就高，有助于进入重点中学。

小慕非常喜欢写作文，一方面，练习写作能帮助她在考试时取得好成绩。更重要的是，小慕的理想是成为一名记者。她认为，提升写作能力有助于她将来当一名杰出的记者。所以，小慕经常在博客上更新文章，喜欢跟网友交流写作技巧。

两个孩子的学习动机明显不同：

晓雪的动力来自外部：她写作文的行为是受到了外部因素的影响，与写作本身并没有直接关系。由外部因素驱使而学习的孩子，可能是想得高分，也可能是想得到他人的认可。在外力的作用下，他们会主动完成某项学习任务，但也只是把这项任务当作达到目的的手段，而不是目的本身。

作为妈妈，我们必须了解孩子的学习动机，不应仅仅关注孩子的分数。一次考试成绩很好，只能算是实现了一个短期目标，应该为孩子确立更长期的目标，即通过全身心学习可以达到的人生目的。

明确了目的，就会产生一种内在驱动力。例如，一名医学院学生的学习动机是："我希望有一天能成为优秀的医生，能救治更多的人。"如果他能一直坚持这个目的，就会不断获得学习动力，在面对课业和考试时，就会更有力量，就会常年坚持努力下去。

### ▲多问孩子几个"为什么"

生活中，有些妈妈习惯用恐吓的方式吓孩子："要是考试考不好，就不带你出去玩。"结果或许孩子的考试成绩确实能提高，但孩子对学习这件事会产生更深的芥蒂，不以兴趣为出发点的学习，终究不会全心全意。只有让孩子知道为什么学习，他才能竭尽全力地自主学习。

在美国影片《男家庭保姆》中，男主角与雇主的三个儿女之间有一段经典对白：

"孩子们，去学校干什么？"

"学知识。"

"为什么要学知识？"

"考大学。"

"为什么要考大学"

"为了找份真正适合自己的工作。"

"为什么要工作？"

"为了得到别人的尊重，为了让人瞧得起。"

看到这段情节时，我感受颇多。男主角之所以要这样问，主要是想让孩子们明白学习的真正目的，是为了让孩子们明白：上学是他们自己的选择，绝不是被谁强迫的，只有自己才能主宰自己的决定。

马斯洛在人一生的层次论中说：当生存的需要不再是困扰人们的问题时，

地位的需要就被彰显无疑。遗憾的是，现在有多少孩子能够真正明白学习的目的？

目的由一连串的"为什么"组合而成，但很少有孩子会在学校里问"为什么"。比如：数学老师教了几个公式、原理，虽然孩子记得很熟、运用得很好，可他未必知道为什么要学这些；即使知道，恐怕也是考试需要。

切记，在帮孩子确立目标前，就要给孩子解释清楚：为什么要学这个？将来的发展和这些知识有什么联系？……没有这些"为什么"，孩子很难产生长期学习的动机。

# 让孩子树立终身学习的观念

终身学习，是社会成员为适应社会发展、实现个人价值，贯穿于一生的、持续不断的学习过程。终身教育是一种不断更新知识的过程，可以让我们在生命的每一刻，利用各种机会，不断更新、充实和深化知识，从而更适应飞速发展的社会。妈妈的一大作用就是，让孩子树立终身学习的观念。

曾几何时，一名印度工程师的文章红遍了网络。这篇文章的题目叫《令人忧虑，不阅读的中国人》，文章这样写道：

我坐在从德国法兰克福飞往上海的飞机上，正是长途飞行中的睡眠时间，机舱已熄灯，我蹑手蹑脚地起身去厕所，座位离厕所比较远。我穿过很多排座位，吃惊地发现，自己同时穿过了很多排平板电脑，不睡觉玩平板电脑的基本上都是中国人，而且基本上都是在打游戏或看电影，没有人读书。

这一幕情景一直停留在我的脑海里。其实，在法兰克福机场候机时我就发现，德国乘客大部分是桌前一杯咖啡，手中一份报纸、一本书或一台笔记本，安静地阅读或工作。中国乘客中也有阅读和工作的，但人数不多，多数人不是在穿梭购物，就是在大声谈笑。

无独有偶。

人的智慧从何而来？当然是学习。而阅读，就是人们学习知识、汲取智慧的基本方法，也是一个国家和民族继承和发展的根本途径。因此，我们不仅要自己树立终身学习的观念，更要让孩子拥有这样的理念。

▲让孩子把终身学习贯穿于人生的每个阶段

有人说，未来还会存在文盲，只不过他们不再是不识字的人，而是不会学习的人。终身教育要求的就是每个人都学会学习。如今，知识更迭日新月异，不学习就会被淘汰。为了孩子的生存、发展和成功，一定要让孩子尽早树立终身学习的观念。妈妈要指导孩子学会学习，引导他们熟练掌握学习方法，把终身学习贯穿于自己人生的每个阶段。

在我们家，每个人都喜欢读书和学习，不管是孩子、还是老人，只要有时间，大家都会拿出自己喜欢的书来看。

在我小时候，妈妈就告诉我，不管在任何时候都要懂得学习。爸爸很喜欢读书、读报，受其影响，我也喜欢。

小学阶段，妈妈会主动给我到书店买书，让我看。为了多看些书，妈妈还会跟亲戚朋友借书让我看。

中学阶段，虽然功课比小学紧张了，但妈妈丝毫没有放松对我学习的引导，买了很多原版名著让我读。我的文学底蕴就是从那时候开始积累的。

高中阶段，学习更加紧张，但妈妈依然会督促我周末的时候去书店看书，因此那时候的我根本就不愁作文。

到了大学，我有机会阅读到更多的书。妈妈则告诉我：要做份读书计划，想想自己一年要读多少本书。

……

就是通过这样一个简单的过程，妈妈就将终身学习的观念渗入了我的内心。

终身学习是终身教育发展的根本所在，是最终目的，具有终身性、广泛性、灵活性、全民性和实用性等特点。从婴儿到老年人，不同的发展阶段都要接受教育。

我们生活在一个日新月异的快速发展时代，不学习很快就会无法适应新的社会变化。具备终身学习的意识，孩子就会对知识时刻保持敏感度和新鲜度，自觉自发地增强自己的竞争力，进而更好地适应社会，实现个人价值。妈妈们一定要让孩子明白终身学习的重要性，引导孩子向终身学习的方向发展，培养孩子养成终身学习的习惯。

### ▲在家里营造良好的学习氛围

家庭的文化氛围，直接影响着孩子学习意识和习惯的养成。良好的家庭环境和家庭文化教育，可以更好地促进孩子学习；相反，则有碍家庭文化教育的展开。因此，妈妈要以身作则，在家里努力营造一种良好的学习氛围，潜移默化地让孩子树立终身学习的观念。

朋友田小米家都喜欢看书，他们家的藏书很多，虽然不是什么书香世家，但从爷爷那一辈开始，他们就收集各类书来阅读，文学底蕴也很深厚。

田小米家有个大书房，收藏着很多中外名著、人物传记等。只要一有时间，她就会坐到书桌前，捧一本书，静静地阅读。在女儿的卧室，也有几个小书架，上面摆放的都是孩子喜欢的图书。每次只要田小米一开始看书，女儿都会拿出自己的书看起来。

家庭教育是孩子成长过程的重要组成部分，所以妈妈必须从正面出发，积极教育和培养孩子对终身学习的认识，使之养成良好的生活习惯、学习习惯。妈妈们每天在工作之余，应留出部分时间读一些书或者报纸杂志等，带动孩子也养成终身学习的习惯。

# 合理利用现代工具为学习插上翅膀

如今，对孩子爱玩手机这件事，很多妈妈都感到头痛。其实，作为一种现代工具，手机虽然占用了人们的大量时间，但也是一个不可多得的学习工具，找资料、问答案……社会发展迅速，现在工具也是日新月异，要想让孩子提高学习的效果，就要让孩子将各种现代工具都充分利用起来。

可是在现实生活中，经常会看到这样的情景：

看到孩子一边写作业，一边看电脑，就急忙将电源插头拔掉，担心孩子直接从网上找答案，偷懒。

看到孩子用手机查找作业，就一把夺过来，担心孩子沉溺于其中，无法自拔。

……

难道孩子用电脑和手机只是在玩乐，并不是在学习？如此想，是不是也太不信任孩子了。

电脑、手机等确实是很现代化的学习工具，可是由于受到"孩子沉溺网络游戏""孩子喜欢玩手机"等信息的影响，只要一看到孩子盯着电脑和手机，有些妈妈就会觉得孩子在玩游戏、在看视频……

电脑等现代化学习工具，方便查阅资料，还能及时更新信息，确实是孩子学习的好工具。

作为妈妈，千万不要一提到手机和电脑，就联想到它们对孩子的伤害。电脑和手机的使用，有利也有弊，为了让孩子养成终身学习的习惯，就要将其中的"利"充分发挥出来，实现手机和电脑作用的最大化，孩子学习起来也会方便很多。

### ▲将手机充分利用起来

随着科学技术的发展，越来越多的家庭已经有条件为孩子配备各种现代化的学习工具：点读机、掌上电脑、平板学习机等等。比如：平板学习机，不仅携带方便，里面还能存储精彩纷呈的教学内容，还能通过语音、视频为孩子做详细的讲解。一个小小的平板，就能容纳丰富的内容，好好利用，对孩子的学习一定大有帮助。

俗话说得好："兴趣是最好的老师。"只要妈妈从旁给予引导，孩子一定会对手机里的知识感兴趣，也就不会沉迷于其中的游戏了。

妈妈有个淘汰下来的手机，放着也是浪费，于是就在手机里下载了一些故事。这样，孩子在闲暇之余就可以拿来听听。不过，手机上绝对没有任何游戏，孩子有时想玩一下手机游戏，央求妈妈下个连连看什么的，都被妈妈拒绝了。妈妈不希望孩子沉迷于手机游戏，既伤眼睛，又会上瘾。

有一天，孩子问妈妈："妈妈，我什么时候才能有自己的手机？"

结果妈妈误会了，以为孩子是想玩手机了，生气地说："要等你自己可以赚钱时，在那之前都不能买手机玩。"

孩子听了妈妈的话很着急，委屈地说："我不是要玩手机，我的意思是我要到多大才能用手机？"

虽然孩子还是没解释清楚，但妈妈也不再像刚才那样敏感。妈妈想了想，说："你参加夏令营时，王校长说的话，你还记得吗？"

孩子说："当然记得，所以我才问你，我要多大才能用手机。"

妈妈说："王校长不是说过吗？什么时候能用手机，关键看你自己能不能有足够的抵抗能力。再优秀的孩子，如果抵抗不了手机的诱惑，也会耽误学习，成绩也会一落千丈。"

孩子听了妈妈的话，一边点头一边又问："那我能拿它查我不会做的作业吗？"

妈妈说："当然可以。不过你现在刚上小学，遇到难题可以先找课本、资料书、工具书之类。"

孩子点头说："妈妈，我保证不玩游戏，就是用手机查一下不会写的作业……"

"好吧，如果你能保证用手机帮助自己学习，可以拿给你用。"

二十一世纪的文盲不再是不识字的人、没读过书的人，而是不会学习、不善于学习的人。

跟随信息化的脚步，现代教育也越来越趋向于网络教育，学习方式随着电子设备的普及发生了巨大变化。现代教育也开始应用电子学习工具，让孩子们学会熟练地使用这些新工具，将更有助于他们的学习。

因此，妈妈要有选择地为孩子提供必要的电子学习工具。遇到疑难问题时，可以让他们借助此类工具自主学习。借助电子工具完成学习，也是符合终身学习能力的要求的。

### ▲学会使用电脑等工具

时代的车轮滚滚向前，旧知识在很快变旧，新知识在不断增加，孩子只有不断学习，才能跟上时代步伐，不会被淘汰。学会使用电子学习工具，不但能帮助孩子更快适应现代生活，也更能适应时代发展。

媛媛家最近新买了台电脑，但爸爸、妈妈对电脑操作不太熟悉，没法亲身指导媛媛使用。为此，爸爸特意报了个电脑培训班。媛媛爸学习起来很认真，没多久操作就熟练了，还手把手地教会了媛媛如何使用电脑。

妈妈告诉媛媛，不管多大都要学习，只有不断更新、充实自己的知识，才能更适应社会的发展需要。

媛媛也从爸爸身上真切地体会到了终身学习的重要性。

不管电脑如何升级换代，归根究底还是一种工具。借助电脑的帮助，我们可以在短时间里收集到最多的信息，能够进行最有效的学习。网络上有很多学习资料，在引导孩子学习的过程中，就要鼓励他们将电脑充分利用起来。

# 学业是主流，规划都要和学校同步

为孩子做规划有个重要的原则，就是要跟学校教育保持同步。比如：你想让孩子学英语，最好跟上孩子的讲课速度；之后，以此为基础，进行知识的扩展。离开了学校，单独让孩子学习其他内容，不仅会增加孩子的负担，还会影响孩子的考试成绩，因为对孩子来说，学校的考试成绩还是很重要的。

放学时，一位年轻的妈妈到学校接孩子。孩子看到校门口的地上有个空饮料瓶，于是弯腰捡起来，准备扔到校门外的垃圾桶里。妈妈看到了，走过去，冲着孩子厉声呵斥道："什么东西你都捡，就不怕沾染细菌吗？快扔掉。"没等孩子走到垃圾桶前，妈妈就一边责怪他，一边催他扔掉手里的瓶子，直到孩子撒手，才拉着他上了自家的车。

不可否认，学校教育在孩子心中已经种下了良好行为习惯的种子，可惜还没等它发芽，就被妈妈的行为给扼杀了。

在校园环境的熏陶下，孩子会逐渐懂得追求真善美，可是妈妈不经意的举动，就有可能不知不觉地消灭了孩子心中的真善美。更可悲的是，妈妈的理由似乎很充分。孩子平日的行为都是一点点积累的成果。家庭教育理念与学校理念的格格不入，是教育最大的悲哀。

出去旅游，在出发前都要准备必备的工具和物品；放到孩子的教育问题上来说，就是选择怎样的教育、怎样的课程，这些将是他们行囊中有力的工具。

一百个人有一百种不同的人生。姚明是中国篮球第一人，但无论他怎么努力，也无法成为优秀的航天员；同样，杨利伟也成不了 NBA（美国职业篮球联赛）赛场上的明星。所以，我们不仅要看兴趣，更要看清楚自己的能力。

每个人都有适合自己的领域，都能在这个领域中通过努力有所作为，终身学习的目的，就是让孩子清楚地找到自己专属的"卓越领域"，成就美好人生。

孩子的学习规划是个系统工程，需要妈妈和老师共同努力，彼此做好衔接和协调。那么，如何才能保持家庭教育与学校教育的同步，让孩子更稳健、更快速、更健康地成长呢？

### ▲加强与老师的交流

孩子在不同的教育阶段，会遇到不同的老师，不能忽视老师在孩子成长过程中的重要作用。作为妈妈，面对不同的老师，也要有不同程度的接触。每位老师的视角都不同，妈妈可以从与他们的交流中获取更丰富的教育资源。

晚上，徐女士接到了数学老师打来的电话。老师说，孩子的数学作业这段时间做得不好，希望家长给出指导。可是，徐女士却认为，既然已经将孩子送到了学校，就应该由老师来管孩子。现在孩子出现了问题，老师却将问题推给家长，让家长引导，这是老师的失职。于是，虽然嘴上答应着老师的话，心里却异常不舒服。

其实，老师之所以要给父母打电话反映孩子的情况，主要还是关心孩子。如果人家不管你的孩子，怎么还会联系你。忽视了跟老师的交流，不仅无法了解孩子的学习情况，还无法对老师做出正确的评价。因此在引导孩子学习的过程中，一定要重视跟老师的交流和沟通。

妈妈们通常都对孩子的在校表现很关心，其实老师也希望了解孩子的在家情况。因此，妈妈和老师的相互交流有助于家庭、学校联合教育的有效展开。教育不仅是老师的事，还是妈妈的事，更是社会的事。因此，家庭教育必须配合学校教育，并且要与社会教育同步进行、协调统筹，做到家庭、学校、社会通力合作。

### ▲走出教育的误区

今天，为了让孩子成长成才，不管是普通劳动者还是名人富翁，对于教育都有着自己的期许。因为多数人还想让孩子通过读书来出人头地。可是，在我们关注孩子分数的时候，更要提高辨别力和判断力，否则很容易走入教育的误区。

有些妈妈认为，只要孩子上了学，所有的教育都由学校负责，极少的家长甚至从不过问孩子在校的行为表现。

孩子行为不端，有的妈妈就把教育责任全部推给学校，忘记了自己所担负的家庭教育责任。

有些妈妈送孩子上学后，只关心孩子学会多少知识，考试能考多少分，却从不过问孩子在校表现究竟如何，甚至只喜欢听老师"报喜"，对于孩子的不足之处也不关心其中原因。时间长了，孩子就形成了不好的行为习惯。

如今，学校已经渐渐转变了教育观念，教学方法也变得更以孩子为本，在教育方式上也以培养孩子的学习兴趣为前提，然后再进行引导教学。因此，妈妈们也要转变教育观念，跟上学校的步伐，否则教育只能事倍功半，甚至弄巧成拙。

1. 妈妈要清楚，家庭教育是终身的，自己的教育责任也是终身的，学校教育是暂时的。同时，还要明确一点：小学教育对孩子有很重要的影响。妈妈是孩子的第一任老师，家庭是孩子成长的摇篮，妈妈的态度、言行，都会影响孩子行为习惯的养成。

2.妈妈在教育孩子的问题上，必须做到严爱结合、严爱有度。教育孩子时，妈妈的教育态度一定要科学，既不能过分严厉苛求，也不能对孩子的无理要求和不良行为全部应允。否则，只会让孩子养成不良习惯。

3.妈妈的教育观要正确。首先，不能只重视知识，忽略个性行为的发展；其次，要树立科学的教育观，根据孩子的天赋和特长来引导孩子树立远大目标。再次，要培养孩子的持续发展能力。最后，要培养孩子的自学能力。